wk

Kohlhammer
Standards Psychologie

Basisbücher und Studientexte

Herausgegeben von
Theo W. Herrmann
Werner H. Tack
Franz E. Weinert

Teilgebiet: Sprachpsychologie

Michael Bock

Wort-, Satz-, Textverarbeitung

Verlag W. Kohlhammer
Stuttgart Berlin Köln Mainz

Herrn Professor Dr. Hans Hörmann
in Dankbarkeit gewidmet

CIP-Kurztitelaufnahme der Deutschen Bibliothek

Bock, Michael
Wort-, Satz-, Textverarbeitung.
1. Aufl. – Stuttgart, Berlin, Köln, Mainz:
Kohlhammer, 1978.
(Kohlhammer-Standards Psychologie: Studientext:
Teilgebiet Sprachpsychologie)
ISBN 3-17-001822-1

Stuttgart Berlin Köln Mainz
Verlagsort: Stuttgart
Umschlag: hace
Gesamtherstellung: W. Kohlhammer GmbH
Grafischer Großbetrieb Stuttgart
Printed in Germany

Inhalt

1. Zum gegenwärtigen Stand der Psycholinguistik und Gedächtnispsychologie

Neuere Darstellungen der Psycholinguistik (z. B. Johnson-Laird 1974, Engelkamp 1974) und Gedächtnispsychologie (z. B. Tulving & Madigan 1970, Postman 1975, Bredenkamp & Wippich 1977, Peterson 1977) lassen erkennen, daß beide Teilgebiete nach wie vor weitgehend unabhängig voneinander bearbeitet werden.

Dies mag an der Meinung der Gedächtnispsychologen liegen, daß sprachliche Einheiten, die über die Wortebene hinausreichen, so komplex sind, daß sie sich dem gedächtnistheoretischen Zugriff entziehen. Psycholinguisten andererseits, die sich bislang in der Hauptsache mit der Verarbeitung von Sätzen beschäftigt haben, könnten der Auffassung sein, daß gedächtnistheoretische Ansätze für ihren Gegenstandsbereich »Sprache« irrelevant sind, da sich diese in der Hauptsache auf das Behalten von Buchstaben, Silben oder allenfalls von Wörtern beziehen.

Diese faktische Grenzziehung zwischen Psycholinguistik und Gedächtnispsychologie wird in dem vorliegenden Buch zugunsten eines sprachpsychologischen Ansatzes aufgegeben, der darin besteht, Untersuchungen gleich welcher Provenienz, die zur Verarbeitung von Wörtern, Sätzen und Texten vorliegen, in systematischer Weise miteinander zu vergleichen. Dies geschieht in der Hoffnung, auf diese Weise zu Gesetzmäßigkeiten zu gelangen, die für die Verarbeitung von Sprache generell kennzeichnend sind, und die es dem Leser gestatten, die Vielzahl sprach- und gedächtnispsychologischer Untersuchungen theoretisch in den Griff zu bekommen.

Einem derartigen Vergleich steht natürlich die Schwierigkeit entgegen, daß Sätze und Texte im Unterschied zu Wortlisten eine syntaktische Struktur aufweisen, von der man lange Zeit geglaubt hat, daß sie bei der Sprachverarbeitung eine gegenüber der Semantik dominierende Rolle einnimmt. Diese Sichtweise beginnt sich jedoch entscheidend zu verändern (siehe dazu Hörmann 1976, Engelkamp 1976). Viele der inzwischen vorliegenden Untersuchungen deuten nämlich darauf hin, daß der Syntax bei der Verarbeitung semantischer Beziehungen eine Art Hilfsfunktion zukommt, indem sie deutlich macht, welche inhaltlichen Zusammenhänge zwischen den einzelnen Wörtern eines Satzes oder Textes bestehen. Dies kann jedoch auch auf andere Weise geschehen, etwa durch die semantischen Eigenarten der verwendeten Wörter selbst, die bestimmte inhaltliche Zusammenhänge nahelegen, oder durch Kontextfaktoren, wie Untersuchungen zeigen, auf die weiter unten einzugehen sein wird. Wenn es aber nicht die syntaktischen, sondern die semantischen Relationen sind, die bei der Verarbeitung sprachlichen Materials im Vordergrund stehen, so ist trotz der Tatsache, daß Wortlisten im Unterschied zu Sätzen oder Texten keine syntaktische Struktur aufweisen, ein Vergleich der verschiedenen Materialarten durchaus sinnvoll. Denn semantische Relationen können auch zwischen den Wörtern einer zu behaltenden Wortliste bestehen. Man kann sogar annehmen, daß die Gesetzmäßigkeiten, nach denen Sprachverarbeitungsprozesse ablaufen, bei Wortlisten besonders deutlich zutage treten. Denn im Falle von Sätzen oder Texten bewirken die syntaktischen Strukturen komplexere und damit weniger leicht durchschaubare semantische Bedingungen, als sie im Falle von Wortlisten gegeben sind.

Dies ist auch der Grund, warum Untersuchungen zur Verarbeitung von Wörtern relativ ausführlich diskutiert werden, bevor das Behalten von Sätzen und Texten behandelt wird. Hierbei handelt es sich zu einem Teil um ältere — und damit bekannte — Arbeiten, wie diejenige von G. A. Miller (1956), mit der die Diskussion eröffnet werden soll. Diese Arbeit ist bereits vor mehr als 20 Jahren erschienen und dürfte zu der am häufigsten zitierten gedächtnispsychologischen Arbeit gehören. Und dennoch — und dies ist merkwürdig genug — ist bislang keineswegs eindeutig, nach welchen Mechanismen die von Miller beschriebenen Recodierprozesse ablaufen, welche es dem Rezipienten gestatten, sprachliche Informationen in äußerst ökonomischer Weise zu verarbeiten. Merkwürdiger noch, man hat bislang offensichtlich übersehen, daß es sich hierbei um ein fundamentales Verarbeitungsprinzip handelt, welches gleichermaßen die Verarbeitung von Wörtern, Sätzen und Texten kennzeichnet. Mit Hilfe dieses Prinzips scheint es möglich, die kaum noch übersehbare Fülle von Untersuchungen, die im Bereich der Sprach- und Gedächtnispsychologie vorliegen, in einen systematischen Zusammenhang zu bringen und damit überschaubar zu machen. Dies ist auch der Aspekt, in dem sich die vorliegende Arbeit von einer Übersicht über die Lern- und Gedächtnispsychologie unterscheidet, die unlängst von Bredenkamp & Wippich (1977, Band II) im Rahmen dieser Reihe vorgelegt worden ist: Dort geht es um eine umfassende Darstellung der verschiedenartigen Ansätze und Untersuchungen, die im Bereich der Gedächtnis- und Sprachpsychologie vorliegen. Hier dagegen wird versucht, eine möglichst große Zahl dieser Untersuchungen trotz der Unterschiedlichkeit ihrer Fragestellungen auf einen einheitlichen theoretischen Nenner zu bringen.

Anders als bei Kintsch (1974) oder Engelkamp (1976, ebenfalls im Rahmen dieser Reihe) wird dabei jedoch nicht von einem bestimmten, mit theoretischen Vorannahmen belasteten und deshalb leicht widerlegbaren Erklärungsansatz ausgegangen; überprüft wird lediglich, unter welchen Umständen und bei welchen Materialarten sich das von Miller (1956) beschriebene empirische Phänomen der Einheitenbildung zeigt. Das hier verwendete Erklärungsprinzip besteht also darin, in verschiedenen Problembereichen empirische Parallelen aufzuzeigen, die sich theoretisch durchaus unterschiedlich interpretieren lassen. Dies ist jedoch weniger wichtig als die Tatsache, *daß* derartige Parallelen bestehen. Demzufolge ist die vorliegende Arbeit als ein Versuch zu werten, eine empirisch begründete Systematik der vielzähligen Untersuchungen zu erstellen, die im Bereich der Sprach- und Gedächtnispsychologie vorliegen. Dadurch soll dem Leser verständlich gemacht werden, daß und in welcher Weise diese verschiedenen Bereiche miteinander zusammenhängen.

2. »Organisation« und »Recodierung«: Grundprinzipien sprachlicher Informationsverarbeitung

Wenn bislang der Terminus *Verarbeitung* verwendet wurde, so geschah dies im Sinne von *Rezeption* oder *Codierung*. Diese Prozesse stehen im Mittelpunkt des vorliegenden Buches. Gemeint sind damit jene Vorgänge, die während der Darbietung sprachlichen Materials in der Versuchsperson (dem Rezipienten) ablaufen, wenn sie dieses behalten will. Wie noch zu zeigen sein wird (vgl. Kap. 5), sind diese Prozesse jedoch keineswegs an eine Behaltensaufgabe gebunden. Vielmehr ist anzunehmen, daß ein Rezipient dieselben Verarbeitungsprozesse etwa auch dann vollzieht, wenn er den Inhalt sprachlichen Materials verstehen oder möglichst schnell über seine Richtigkeit entscheiden soll (Verifikationsaufgabe). Unter Sprachverarbeitung sind also jene Analyseprozesse zu verstehen, die von einem Rezipienten vollzogen werden, wenn er sprachliches Material behalten oder verstehen will. Diese Prozesse spielen in der gedächtnispsychologischen Theorienbildung eine zunehmende Rolle. Insofern ist Melton (1973) nur zuzustimmen, wenn er feststellt: »Coding is the core concept of what might well be termed a new dynamic structuralism of mental events in which the information processing activities of the learner define what is retrievable and what is retrieved... (p. 509).«

Hierbei spielt das sprachliche Langzeitgedächtnis, welches das Individuum im Laufe seiner Sprachentwicklung aufgebaut hat, eine entscheidende Rolle: Es ist dafür verantwortlich, daß wir Sprache produzieren und gesprochene oder geschriebene Sprache verarbeiten und verstehen können. Da es sich in all diesen Fällen um sprachliche Gedächtnisleistungen handelt, kann man versuchen, aus der Eigenart dieser Leistungen Rückschlüsse auf die Eigenart dieses Gedächtnisses zu ziehen. Dies ist auch der Aspekt, unter dem die von Miller (1956) in der schon erwähnten Arbeit diskutierten Begriffe *Organisation, Recodierung* und *Chunk-Bildung* betrachtet werden sollen. Was darunter zu verstehen ist, zeigen Versuche von Hayes (1952, zitiert nach Miller 1956) und Craik (1968). Diese sollen im folgenden in schematisierter Weise wiedergegeben werden, da sie ein wichtiges Kennzeichen sprachlicher Verarbeitungsprozesse erkennen lassen:

Einer Gruppe von Versuchspersonen (Vpn) werden nacheinander 12 Buchstaben des Alphabets vorgelesen, und zwar in zufälliger Reihenfolge. Anschließend werden die Vpn aufgefordert, möglichst viele der eben gehörten Buchstaben zu wiederholen. Ergebnis dieser Behaltensprüfung: Die meisten Vpn können nicht mehr als 5 bis 7 Buchstaben reproduzieren; den Rest haben sie vergessen.

Einer 2. Gruppe wird nacheinander eine Liste mit 12 einsilbigen, unzusammenhängenden Wörtern vorgelesen, also Wörter wie *Schuh, Dorf, Öl* oder *Ast*. Auch hier können die Vpn unmittelbar danach nur ca. 5 bis 7 Wörter wiederholen. Versuche von Craik (1968) zeigen in diesem Zusammenhang, daß die Anzahl der Silben, aus denen sich ein Wort zusammensetzt, keinen Einfluß auf die Behaltensleistung ausübt. Dreisilbige Wörter wie *Wasserglas, Säugetier, Schallplatte* werden also ebensogut reproduziert wie einsilbige Wörter.

Interpretation:
1. Die Fähigkeit des Menschen, kurzfristig dargebotene Informationen zu speichern und zu reproduzieren, ist begrenzt. Das sieht man daran, daß keine der Vpn in den geschilderten Experimenten die dargebotene Buchstaben- oder Wortliste vollständig wiederholen konnte.
2. Diese Kapazitätsgrenze läßt sich zahlenmäßig bestimmen; sie liegt in derartigen Versuchen bei ca. 5 bis 7 Einheiten.
3. Die Größe einer derartigen Gedächtniseinheit ist variabel. In den geschilderten Versuchen betrug sie 1, 4 oder 8 Buchstaben, je nachdem, ob es den Vpn gelang, einzelne Buchstaben zu sinnvollen Wörtern zu integrieren oder nicht.

Diesen Integrationsvorgang bezeichnet Miller (1956) als *Recodieren.* Unter Recodieren ist also ein Organisationsvorgang zu verstehen, durch den die Vpn Einzelinformationen, die sich nach bestimmten Gesichtspunkten zusammenfassen lassen, gruppiert und zu umfassenderen Gedächtniseinheiten integriert, zu *Chunks,* wie Miller diese Gedächtniseinheiten nennt. Durch Recodieren ist es der Vp möglich, ihre begrenzte Verarbeitungskapazität zu erweitern, und zwar um so mehr, je mehr Einzelinformationen sie zu einer einzigen Gedächtniseinheit, zu einem Chunk zusammenfassen kann. Ein Teil der Vpn in den geschilderten Experimenten konnte 8 Buchstaben zu einer einzigen Einheit recodieren, weil diese 8 Buchstaben sich durch *ein* sinnvolles Wort zusammenfassen ließen. Die in Zufallsfolge vorgelesenen Buchstabensequenzen dagegen ließen eine Recodierung zu einem Wort nicht zu. Deshalb bestand hier jede Gedächtniseinheit aus einem einzelnen Buchstaben. —
Allerdings sind diese in der Gedächtnispsychologie mittlerweile als gesichert geltenden Befunde im Hinblick auf die Eigenart der Kapazitätsgrenze, die durch derartige Recodierprozesse erweitert werden kann, alles andere als eindeutig. Seit Melton (1963) ist es üblich geworden, den Prozeß der Informationsverarbeitung zeitlich in eine Inputphase, eine Speicherphase und eine Output- oder Retrievalphase zu unterteilen: Während der Darbietung des zu behaltenden Materials (Inputphase) laufen Prozesse ab, durch die das Material in die Speicherphase überführt wird, an die sich die Retrievalphase anschließt, wenn das Behaltene während der Behaltensprüfung aus dem Gedächtnis abgerufen wird. Von daher stellt sich das Problem, welche dieser Phasen durch die Kapazitätsbegrenzung betroffen ist (eine gute Übersicht über diesen Problembereich liefert Kerr 1973).
Untersuchungen von Foss (1969), Foss & Lynch (1969), Schwartz (1976) und anderen sprechen dafür, diese Kapazitätsbegrenzung in die Inputphase zu verlegen, d. h. anzunehmen, daß das Ausmaß der Information, die eine Vp pro Zeiteinheit verarbeiten kann, begrenzt ist. Miller (1956) selbst bezieht diese Kapazitätsbegrenzung auf die Speicherphase, nämlich auf das sogenannte Kurzzeitgedächtnis, welches involviert ist, wenn sprachliche Informationen für einige Sekunden behalten werden müssen (ähnlich z. B. Hörmann 1964, Adams 1967). Mandler (1967, 1968) hält diese Kapazitätsbegrenzung dagegen für eine Eigenschaft des Langzeitgedächtnisses. Mac Kay (1973) wiederum nimmt an, daß sich eine Kapazitätsgrenze beim Transfer der Information aus dem Kurz- in das Langzeitgedächtnis bemerkbar macht.
Untersuchungen von Tulving (1966), Tulving & Pearlstone (1966), Tulving & Patterson (1968) und Fuld & Buschke (1976) wiederum sprechen dafür, diese Kapazitätsbegrenzung in die Retrieval-Phase zu verlegen. Danach ist die Tat-

sache, daß eine Vp zumeist weniger Items reproduzieren kann, als ihr zuvor dargeboten worden sind, darauf zurückzuführen, daß sie pro Zeiteinheit nur einen Teil der gespeicherten Informationen abrufen kann.

Andere Autoren schließlich nehmen an, daß dem »human operator« eine begrenzte, zentrale Verarbeitungskapazität zur Verfügung steht, die sich auf die Input-, Speicher- und/oder Outputphase erstrecken kann (z. B. Kahnemann 1973; ähnlich auch Craik & Lockhart 1972; Johnston, Wagstaff & Griffith 1972; Martin, Marston & Kelly 1973).

Da zu jeder dieser Positionen entsprechende Untersuchungsbefunde vorliegen, muß man annehmen, daß alle drei Phasen der Informationsverarbeitung einer Kapazitätsbegrenzung unterliegen, eine theoretisch befriedigende Erklärung dieses Sachverhalts jedoch noch aussteht. Worauf die leistungsverbessernde Wirkung von Recodierprozessen basiert, muß an dieser Stelle also unspezifiziert bleiben.

Allerdings sollte der Mechanismus deutlich geworden sein, der den Recodierprozessen zugrunde liegt: Wenn beispielsweise eine Vp 7 Buchstaben zu Wörtern recodiert und dadurch mehr als 7 Buchstaben, nämlich 5 bis 7 Wörter, behalten kann, so ersetzt sie *mehrere,* als Untereinheiten fungierende Buchstaben durch *eine* Obereinheit »Wort« und macht diesen Übersetzungsschritt in der Reproduktionsphase wieder rückgängig.

Dies kann entgegen einer weit verbreiteten — und von Miller (1956) selbst vertretenen — Ansicht nicht einfach als eine Leistung des Kurzzeitgedächtnisses angesehen werden: Die Recodierung einer Buchstabensequenz zu der Organisationseinheit »Wort« kann nur deshalb gelingen, weil dieses Wort in unserem Sprachgedächtnis repräsentiert ist, und das heißt: im Langzeitgedächtnis. Demzufolge ist der beim kurzfristigen Behalten und — wie zu zeigen sein wird — längerfristigem Behalten zutage tretende Prozeß der Recodierung oder Chunk-Bildung als eine Leistung des Langzeitgedächtnisses anzusehen. Erinnert man sich in diesem Zusammenhang an die eingangs getroffene Feststellung, daß sprachliche Gedächtnisleistungen etwas über die Art und Weise aussagen, wie diese Sprachinformationen in unserem Gedächtnis repräsentiert sind, so kann man angesichts der geschilderten Versuche vermuten, daß Organisation nicht nur ein Charakteristikum sprachlicher (Re-)Produktionsleistungen ist, sondern zugleich ein Strukturmerkmal unseres Sprachgedächtnisses.

Näheren Aufschluß über die bei der Recodierung einzelner Buchstabensequenzen zu Wörtern wirksamen Mechanismen zeigen umfangreiche — und sorgfältig kontrollierte — Untersuchungen von Osgood & Hoosain (1974): Danach ist es die einem Wort zugehörige *Bedeutung,* welche als Recodiereinheit für die dazugehörige Buchstabensequenz fungiert, so daß Recodierung als ein Prozeß anzusehen ist, der auf der Ebene der *Semantik* stattfindet.

Diese Interpretation wird auch durch Untersuchungen von Smith & Haviland (1972) nahegelegt: Eine optisch dargebotene, sinnlose Buchstabensequenz wird langsamer wahrgenommen als ein Wort gleicher Länge. Dies gilt auch dann, wenn man in beiden Fällen die Übergangswahrscheinlichkeiten kontrolliert, die zwischen den einzelnen Buchstaben bestehen. Die unterschiedliche Wahrnehmbarkeit sinnloser und sinnvoller Buchstabensequenzen ist also nicht darauf zurückzuführen, daß man bei einem Wort die nachfolgenden Buchstaben leichter errät, wenn man die vorangehenden Buchstaben wahrgenommen hat. Vielmehr ist anzunehmen, daß es der Vp im Falle einer sinnvollen Buchstabensequenz gelingt, diese durch *eine* Bedeutungseinheit zu ersetzen.

Erst dies macht auch verständlich, warum die Zahl der Buchstaben oder Silben, die ein Wort konstituieren, für das Behalten dieses Wortes unerheblich sind (Craik 1968), nicht aber für seine Identifikation: Je mehr Silben ein Wort aufweist, um so schneller wird es identifiziert (Matlin 1976).
Interpretation: Mit der Anzahl der Silben unterscheidet sich ein Wort zunehmend deutlicher von anderen Wörtern; der entsprechenden Buchstabensequenz kann deshalb zunehmend schneller ihre spezifische Bedeutung zugeordnet werden. Das setzt freilich voraus, daß diese Bedeutung im Sprachgedächtnis repräsentiert ist, was bei Wörtern, die eine nur geringe Auftretenswahrscheinlichkeit in der Sprache haben, häufig nicht gegeben ist. Unter diesen Umständen werden die entsprechenden Buchstabensequenzen nicht als ein Wort erkannt und können deshalb auch nicht zu einer semantischen Gedächtniseinheit recodiert werden (Duncan 1973).
Insgesamt legen diese Befunde die Interpretation nahe, Recodierprozesse als eine besondere Form von Codierprozessen anzusehen, die während der Darbietung des zu behaltenden Sprachmaterials ablaufen. In dieser Zeit versucht die Vp, die Buchstabensequenzen zu gruppieren und durch einen neuen, ökonomischeren Code zu ersetzen. Zum Zeitpunkt der Reproduktion wird dieser Übersetzungsschritt rückgängig gemacht: die dargebotenen Buchstaben werden decodiert. Dies impliziert Annahmen, die insbesondere mit dem Namen N. F. Johnson (1969, 1970, 1973) verbunden sind. Diese Annahmen gelten — wie noch zu zeigen sein wird — für die Recodierung von Wörtern, Sätzen und Texten und werden deshalb in Form allgemeiner Gesetzmäßigkeiten formuliert:

1. Informationen, die zu einer Gedächtniseinheit recodiert worden sind, sind nicht identisch mit dem Code, durch den sie repräsentiert werden. Entsprechend bezeichnet Johnson diesen Code als einen »opaque container«. Die Bedeutung eines Wortes, die als Recodiereinheit für eine bestimmte Buchstabensequenz fungiert, ist also nicht identisch mit den Buchstaben, durch die diese Bedeutungseinheit repräsentiert wird. Eine derartige Annahme würde sich ergeben, wenn man ein konventionelles assoziatives Modell zugrunde legt und annimmt, daß die Gedächtniseinheit »Wort« aus Buchstaben besteht, die assoziativ miteinander verbunden sind. Dies läßt sich nach den Versuchen von N. F. Johnson (1969, 1970) jedoch nicht aufrechterhalten.
2. Zwischen dem Code und der durch ihn repräsentierten Information bestehen eindeutige Übersetzungsregeln, die zusammen mit dem Code und der ihm untergeordneten Information im Sprachgedächtnis gespeichert sind. Diese Übersetzungsregeln führen dazu, daß einer bestimmten Buchstabensequenz eine bestimmte Bedeutung zugeordnet wird (Encodier- oder Recodierprozeß), und die gespeicherte Bedeutungseinheit zum Zeitpunkt der Reproduktion in die einzelnen Buchstaben rückübersetzt werden kann (Decodierprozeß).
3. Sofern es einer Vp gelungen ist, Einzelinformationen zu einer umfassenderen Gedächtniseinheit zu recodieren und damit durch einen übergeordneten ökonomischen Code zu ersetzen, bilden nicht die Einzelinformationen, sondern der übergeordnete Code die Grundlage der Speicherung. Unter diesen Umständen kann eine Vp bei einer Behaltensprüfung alle Einzelinformationen reproduzieren, die sie zu einer Gedächtniseinheit recodiert hat, wenn sie diesen Code behalten hat, oder aber keine dieser Einzelinformationen, wenn sie den Code vergessen hat. Behaltensleistungen weisen also eine sogenannte Alles-oder-nichts-Charakteristik auf. Im Falle von Buchstabensequenzen, die eine Vp zu Wörtern

recodiert hat, zeigt sich dieser Alles-oder-nichts-Charakter daran, daß eine Vp alle Buchstaben eines Wortes reproduziert oder keinen Buchstaben, wenn sie die Bedeutung dieses Wortes vergessen hat. Folgerichtig bezeichnet Estes (1972) die übergeordneten Gedächtniseinheiten oder Codes als Kontrollelemente (C), so daß sich der Vorgang der Recodierung von Buchstaben (L) zu Wörtern (C_1) in der in Figur 1 schematisch dargestellten Weise beschreiben läßt.

Wie muß nun eine Vp vorgehen, die von einer Wortliste mehr als nur 7 Wörter behalten will? Dieser Frage soll in dem folgenden Kapitel nachgegangen werden. Dabei wird zu zeigen sein, daß eine Vp nicht nur einzelne Buchstaben zu einem Wort, sondern auch mehrere Wörter zu einer Gruppe recodiert, eine Gedächtniseinheit also mehrere Wörter umfassen kann. Hierbei werden einzelne untergeordnete Kontrollelemente der 2. Hierarchie-Ebene durch übergeordnete Kontrollelemente der 3. Hierarchie-Ebene miteinander verknüpft, wie dies in schematischer Weise Figur 2 zeigt.

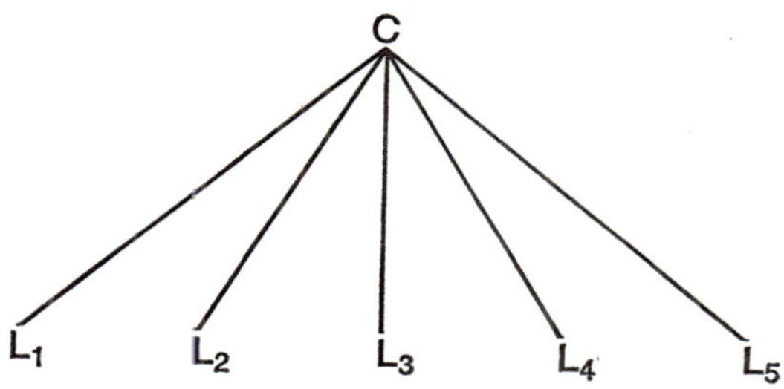

Figur 1: Schematische Darstellung der Recodierung von Buchstaben (L) zur Gedächtniseinheit »Wort« (C) nach Estes (1972).

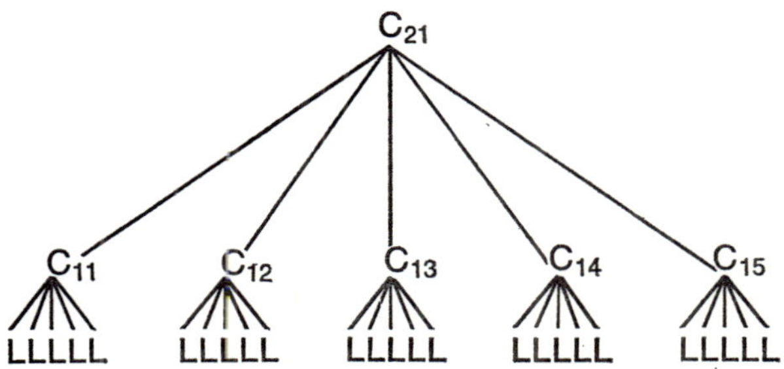

Figur 2: Recodierung von Buchstaben (L) zu Wörtern (C_{11} bis C_{15}) und Wörtern zu einer Wortgruppe (C_{21}).

Kontrollfragen

1. Was versteht man unter der Input-, Speicher- und Retrievalphase?
2. In welcher Phase finden Recodierprozesse statt?
3. Definieren Sie den Begriff »Chunk«.
4. Inwieweit spielt das Langzeitgedächtnis bei Recodierprozessen eine Rolle?

3. Recodierprozesse beim Behalten von Wörtern

3.1 Das Behalten kategorial ähnlicher Wörter

3.1.1 Clustering

Bousfield (1953) und seine Mitarbeiter (Bousfield & Cohen 1953; Bousfield & Puff 1965; Bousfield, Steward & Cowan 1964) führten eine Reihe von Untersuchungen durch, die folgenden Aufbau hatten: Die Vpn erhielten Listen mit Wörtern zum Behalten dargeboten, die bestimmten inhaltlich definierten Kategorien angehörten, wie beispielsweise die Wörter *Hund, Pferd, Katze* aus der Kategorie *Säugetiere*, die Wörter *Rose, Nelke, Tulpe* aus der Kategorie *Blumen* usw. Den Vpn wurden die Wörter jedoch nicht in dieser geordneten Weise dargeboten, sondern in zufälliger, ungeordneter Abfolge. Im Anschluß daran sollten sie alle noch behaltenen Wörter in beliebiger Reihenfolge reproduzieren. Ergebnisse dieser Versuche (siehe dazu auch Bredenkamp & Wippich 1977, Band II):

1. Die Vpn erinnerten die Wörter keinesfalls in so zufälliger Reihenfolge, wie sie ihnen dargeboten wurden; sie tendierten vielmehr dazu, die Wörter einer Kategorie unmittelbar nacheinander zu reproduzieren. Erinnert wurden zunächst etwa die Wörter *Hund, Pferd,* danach die Wörter *Rose, Nelke* usw. Die Reproduktionen der Vpn waren also organisiert, ein Phänomen, welches Bousfield als *Clustering* bezeichnete.
2. Je ausgeprägter dieses Clustering war, desto mehr Wörter konnten die Vpn im Vergleich zu einer Kontrolliste mit unähnlichen, inhaltlich unverbundenen Wörtern reproduzieren.
3. Das Ausmaß dieses Clustering hing von folgenden Faktoren ab: Es war um so ausgeprägter, je häufiger die Wortliste dargeboten wurde und je stärker der assoziative Zusammenhang war, der a) zwischen den zu behaltenden Wörtern einer Kategorie bestand (Inter-Item-Assoziationsstärke) und b) zwischen den Wörtern und der dazu gehörigen Kategorienbezeichnung (kategoriale Assoziationsstärke). Diejenigen Wörter, die in einem Assoziationsexperiment häufig zusammen assoziiert wurden und die darüber hinaus häufig als Antwort auf den entsprechenden Oberbegriff gegeben wurden, wurden in einer Behaltenssituation also besonders häufig als Cluster erinnert und im Vergleich zu einer Kontrolliste besonders gut behalten.

Interpretation: Die Vpn haben die Wörter einer Kategorie deshalb zusammen erinnert, weil sie diese Wörter zu einer einzigen Gedächtniseinheit recodiert haben. Eine Gedächtniseinheit umfaßte hierbei also mehrere Wörter, anders als im Falle der Kontrolliste, bei der die Wörter unzusammenhängend waren und deshalb als gesonderte Gedächtniseinheiten gespeichert werden mußten. Deshalb ist es auch nicht verwunderlich, daß die Vpn mehr kategorial ähnliche als unverbundene Wörter behalten konnten. Denn man kann vermuten, daß bei den Wörtern aus einer gemeinsamen Kategorie nicht die einzelnen Wörter das Substrat der Speicherung darstellten, sondern der entsprechende Oberbegriff als Repräsentant der semantischen Relationen zwischen den einzelnen Wörtern.

Dies setzt freilich voraus, daß die Vpn die kategoriale Zusammengehörigkeit der einzelnen Wörter erkennen. Um dies zu gewährleisten, muß eine Wortliste wiederholt dargeboten werden, wie dies die Versuche von Bousfield und seinen Mitarbeitern zeigen. Eine andere Möglichkeit besteht darin, die Darbietungszeit zu verlängern (Folarin 1976). Darüber hinaus spielt auch die Instruktion eine Rolle, welche die Vpn erhalten haben: Versuche von Epstein, Phillips & Johnson (1975) zeigen, daß eine Vp von einer Liste mit semantisch ähnlichen Wörtern sehr viel mehr behält, wenn sie aufgefordert wird, die Wörter inhaltlich miteinander zu vergleichen, als in einer Situation, in der sie lediglich eine Behaltensinstruktion erhält. Ähnliches zeigt auch die Untersuchung von Strand (1975). Dies ist damit zu erklären, daß Recodierprozesse nicht automatisch ablaufen, sondern eine Aufmerksamkeitszuwendung erfordern und damit die Verarbeitungskapazität belasten, wie Versuche von Martin et al. (1973) und Jeffmar (1975) zeigen (siehe dazu auch Kapitel 2). Von daher wird auch verständlich, warum sich einzelne Vpn in dem Ausmaß ihres Clustering und damit in ihren Behaltensleistungen voneinander unterscheiden (Thompson, Hamlin & Roenker 1972): Nicht jede Vp, die eine Liste mit kategorial ähnlichen Wörtern behalten soll, vollzieht Recodierprozesse der beschriebenen Art, es sei denn, sie wird ausdrücklich dazu aufgefordert. Hierbei mag auch eine Rolle spielen, daß bei verschiedenen Individuen die sprachliche Leistungsfähigkeit unterschiedlich ausgeprägt ist (Stoff & Eagle 1971).

3.1.2 Zum Mechanismus kategorialer Recodierung: Der Oberbegriff als Organisationskern

Neben den zuletzt angesprochenen Subjekt-Variablen sind es vor allem die semantischen Eigenschaften der Wörter selbst, die bei kategorialen Recodierprozessen eine wichtige Rolle spielen. Dies zeigen nicht nur die zitierten Untersuchungen von Bousfield, sondern auch neuere Untersuchungen von Matthews & Waring (1972, 1975). Smith & Abel (1973) und Sanford & Seymour (1974): Danach erfolgt die Recodierung kategorial ähnlicher Wörter um so leichter, das heißt schneller und weniger kapazitätsbelastend, je eindeutiger die Beziehung zwischen der Kategorie und den dazugehörigen Wörtern ist, die behalten werden sollen. Sofern die Vpn Wörter erhalten, die primär mit ein und demselben kategorialen Oberbegriff assoziiert sind, ist die Wahrscheinlichkeit einer »Subsumption« (Ausubel 1963) unter diesen gemeinsamen Oberbegriff sehr groß. Anders verhält es sich dagegen, wenn die einzelnen Wörter nicht nur mit einem gemeinsamen Oberbegriff assoziiert sind, sondern zusätzlich mit vielen anderen Oberbegriffen, die der Vp zunächst einfallen, wenn sie mit diesen Wörtern konfrontiert wird. Hier hat sie Mühe, die kategoriale Zusammengehörigkeit der Wörter zu erkennen und sie zu einer entsprechenden Gedächtniseinheit zu recodieren. Die Wörter *Reiten* und *Fischen* beispielsweise lassen sich weniger leicht zu der Gedächtniseinheit *Sport* recodieren, da sie nach Sanford & Seymour (1974) mit diesem gemeinsamen Oberbegriff weniger direkt verbunden sind als die Wörter *Golf* und *Tennis*.

Dies wird nur dann verständlich, wenn man annimmt, daß sprachliche Recodierprozesse während der Input- oder Encodierphase ablaufen, dann also, wenn die zu behaltenden Wörter dargeboten werden (vgl. Kap. 2): Der Vp muß der gemeinsame Oberbegriff einfallen, *während* die Wörter dargeboten werden, um sie zu einer Gedächtniseinheit recodieren zu können. Dieser Annahme entspricht auch das von Tulving & Thomson (1973) formulierte Prinzip der Encodier-Spezifität: Danach verbessert ein Wort, welches zum Zeitpunkt der Reproduktion als Reproduktionshilfe (Retrieval-Cue) dargeboten wird, nur dann die Behaltensleistung, wenn es zuvor mit den zu behaltenden Wörtern zusammen dargeboten worden ist. Dies gilt auch dann, wenn der Retrieval-Cue mit diesen Wörtern eng assoziiert ist.

Schließlich wird dadurch auch der von Glanzer (1969), Glanzer & Schwartz (1971) und Bock (1972) beobachtete Distanzeffekt verständlich: Danach wird die Behaltensleistung in hohem Maße durch die Position bestimmt, welche die miteinander ähnlichen Wörter auf der zu behaltenden Wortliste einnehmen. Sofern sie unmittelbar benachbarte Listenpositionen einnehmen, werden sie besser behalten als im Falle weit auseinanderliegender Listenpositionen. Beispiel: Die Wörter *Katze, Hund, Pfeil, Bogen, Tisch, Stuhl* werden in dieser Folge sehr viel besser behalten als in der Abfolge *Katze, Bogen, Stuhl, Hund, Pfeil, Tisch.* Nach unseren bisherigen Überlegungen ist dies deshalb so, weil die Zuordnung ähnlicher Wörter zu einem gemeinsamen Oberbegriff leichter fällt, wenn sie unmittelbar nebeneinander stehen, als in einer Situation, in der unähnliche, mit verschiedenen Oberbegriffen assoziierte Wörter nebeneinander stehen, und die mit demselben Oberbegriff assoziierten ähnlichen Wörter weit auseinanderliegende Positionen einnehmen. Hier klingt an, was die Gestaltpsychologie mit *Einsicht* (z. B. Katona 1940) bezeichnet hat: Recodierprozesse der beschriebenen Art können von einer Vp nur dann vollzogen werden, wenn sie die Ähnlichkeitsstruktur der zu behaltenden Wortliste erkannt hat (vgl. dazu auch Kap. 6). Dieses Erkennen kann durch die zeitliche oder räumliche Anordnung der einzelnen Wörter erleichtert oder erschwert werden.

Wie wichtig diese Anordnung für das Erkennen der kategorialen Zusammengehörigkeit selbst dann ist, wenn die Liste neben den ähnlichen Wörtern auch die zur Recodierung notwendigen Oberbegriffe enthält, zeigen Untersuchungen von Bower, Clark, Lesgold & Winzenz (1969). Hier wurden den Vpn die kategorial ähnlichen Wörter nicht sukzessive, sondern simultan auf einem Dia dargeboten, und zwar zusammen mit den Bezeichnungen der Kategorien, denen sie angehörten. Variiert wurde dabei die Anordnung der Wörter: Eine Gruppe von Vpn er-

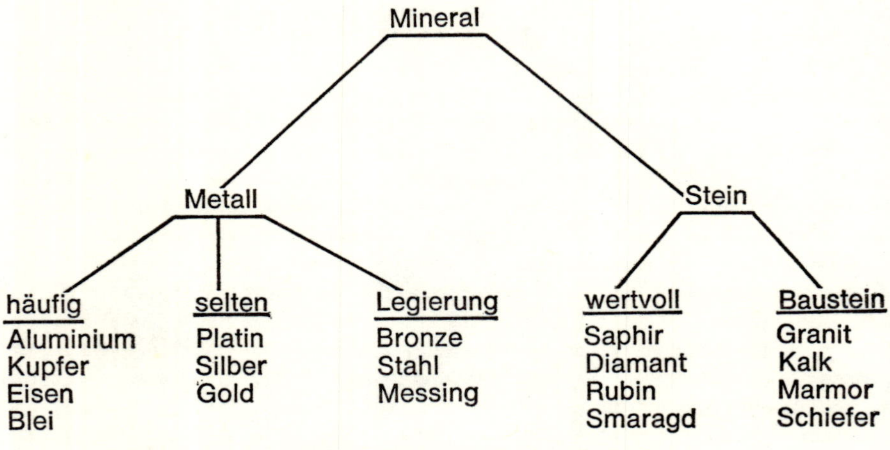

Figur 3: Beispiel für eine Begriffshierarchie nach Bower et al. (1969).

hielt die Wörter in Form einer Begriffshierarchie dargeboten. Diese Vpn sahen also die Wörter gemäß ihrer kategorialen Zusammengehörigkeit, die durch die entsprechenden Oberbegriffe gekennzeichnet wurde. Darüber hinaus wurde durch die Oberbegriffe der 3. und 4. Hierarchie-Ebene auch der Zusammenhang deutlich, der zwischen den Kategorien bestand (vgl. Figur 3).

Eine zweite Gruppe von Vpn erhielt dieselben Wörter wie die erste Gruppe, jedoch in einer anderen, von der semantischen Listenstruktur abweichenden Anordnung: Anstelle der Oberbegriffe standen in der zweiten, dritten und vierten Hierarchie-Ebene zufällig ausgewählte Listenwörter. Außerdem waren die einzelnen Wortgruppen nach dem Zufall zusammengestellt worden. Ergebnisse: Die Vpn der ersten Gruppe konnten annähernd dreimal so viele Wörter reproduzieren wie die Vpn der zweiten Gruppe, denen die Wörter in ungeordneter Weise dargeboten wurden. Darüber hinaus zeigte die erste Gruppe im Vergleich zur zweiten eine ausgeprägte Tendenz zum Clustering: Sie reproduzierte die Wörter einer Kategorie zusammen und leitete deren Reproduktion durch den entsprechenden Oberbegriff ein. Die Reproduktion der Einzelwörter war dabei offensichtlich an die Reproduktion des dazugehörigen Oberbegriffs gebunden: Die Wörter *Saphir, Diamant* und *Smaragd* beispielsweise wurden also nur dann erinnert, wenn der Vp die Wörter *Stein* oder *wertvoll* eingefallen waren (vgl. Figur 3); wurde ein Oberbegriff nicht erinnert, unterblieb zumeist auch eine Reproduktion der dazugehörigen Einzelwörter (Alles-oder-nichts-Charakter von Behaltensleistungen; vgl. Kap. 2 sowie Cohen 1966).

Interpretation: Diejenigen Vpn, welche die Wörter in organisierter Weise erhalten hatten, verwendeten die Wörter der höheren Hierarchie-Ebenen als *Organisationskern* zur Bildung übergeordneter Gedächtniseinheiten. Diese Vpn hatten die Ähnlichkeitsrelationen zwischen den Wörtern einer Kategorie erkannt und speicherten deshalb anstelle der einzelnen Wörter die Oberbegriffe als Repräsentanten dieser Ähnlichkeitsrelationen. Mit Hilfe dieser »Kontrollelemente« konnten sie sehr viel mehr Wörter behalten als die Vpn der Gruppe, welche die Wörter in ungeordneter Weise erhalten hatten. Auch diese Vpn hatten die Wörter gesehen, welche die Ähnlichkeitsrelationen zwischen den Wörtern einer Kategorie benannten. Offensichtlich wurden sie jedoch durch die ungeordnete Listendarbietung daran gehindert, den Zusammenhang zwischen diesen kategorialen Oberbegriffen und den dazugehörenden Einzelwörtern zu erkennen. Die Oberbegriffe konnten ihre besondere Recodierfunktion deshalb nur im Falle einer geordneten Listendarbietung erfüllen. In diesem Fall zeigte sich allerdings, daß die Reproduktion einzelner Wörter an die Reproduktion des dazugehörigen Oberbegriffs gebunden war. Hatten die Vpn den Oberbegriff vergessen, konnten sie sich an die dazugehörigen Einzelwörter nicht mehr erinnern.

Wenn diese Interpretation zutreffend ist, ist folgendes zu erwarten: Vpn, welche die Wörter zu übergeordneten Einheiten recodiert haben, diese jedoch nicht reproduzieren können, weil sie den entsprechenden Oberbegriff vergessen haben, sollten diese Einzelwörter dann reproduzieren können, wenn ihnen die Oberbegriffe als Reproduktionshilfe zur Verfügung gestellt werden. Untersuchungen von Tulving & Pearlstone (1966) zeigen, daß diese Annahme zutreffend ist: Nachdem die Vpn alle Wörter einer Liste mit kategorial ähnlichen Wörtern reproduziert hatten, an die sie sich erinnern konnten, erhielten sie vom Versuchsleiter die entsprechenden Oberbegriffe als Retrieval-Cues. Dies hatte zur Folge, daß sie weitere Wörter aus solchen Kategorien reproduzieren konnten, an die sie sich beim ersten Reproduktionsversuch nicht erinnern konnten. Entsprechend unterscheiden die Autoren zwischen der *Accessibility* und der *Availability* von Gedächtnisinhalten: Die Tatsache, daß die Vpn beim ersten Reproduktionsversuch trotz intensiven Bemühens keine weiteren Wörter erinnern konnten, legt die Interpretation nahe, daß sie diese nicht reproduzierbaren Wörter vergessen hatten. Diese Interpretation ist jedoch unzutreffend. Denn der Cued Recall mit Hilfe der kategorialen Oberbegriffe zeigt, daß die Vpn mehr Listenwörter gespeichert hatten, als sie beim ersten Durchgang reproduzieren konnten. Diese Wörter waren im Gedächtnis verfügbar (available), jedoch unzugänglich; sie waren erst dann zugänglich (accessible), als den Vpn die den Gedächtniseinheiten entsprechenden Schlüsselwörter oder Organisationskerne zur Verfügung gestellt wurden. Deshalb kann man von solchen Wörtern, die eine Vp in einem Behaltensexperiment nicht reproduziert, nicht einfach sagen, daß sie vergessen wurden.

Dies belegt auch eine weitere Untersuchung von Tulving (1966). Hier erhielten die Vpn eine Liste mit unzusammenhängenden Wörtern *einmal* zum Behalten dargeboten. Anschließend sollten sie die behaltenen Wörter jedoch nicht nur einmal, sondern dreimal hintereinander reproduzieren. Man könnte nun annehmen, daß die Vpn bei allen drei Reproduktionsversuchen dieselben Wörter erinnert haben, weil keine neuerliche Listendarbietung erfolgt war. Dies war jedoch keineswegs der Fall. Vielmehr erinnerten die Vpn beim dritten Reproduktionsversuch zu einem Teil Wörter, die sie zuvor nicht erinnert hatten, während sie andere Wörter nicht mehr reproduzierten, die sie zuvor erinnert haben. Auch dies zeigt, wie wichtig es ist, zwischen der Availability, dem Vorhandensein von Wörtern im Sprachgedächtnis und ihrer Reproduzierbarkeit, der Accessibility, zu unterscheiden, oder einfacher ausgedrückt: Das, was eine Vp in einem verbalen Gedächtnisexperiment von einer zuvor dargebotenen Liste nicht reproduzieren kann, muß damit noch nicht vergessen worden sein; dies ist sogar extrem unwahrscheinlich. Denn die in einem Gedächtnisexperiment verwendeten Wörter hat eine Vp bereits präexperimentell, nämlich im Laufe der Sprachentwicklung, erlernt und gespeichert. Diese Wörter werden deshalb auch nicht vergessen, sondern lediglich unreproduzierbar, wenn der Vp die adäquaten Retrieval-Cues verlorengehen.

Dies kann man sich wie folgt vorstellen (vgl. dazu Bock 1972): Während der Darbietung speichert eine Vp bestimmte phonetische oder semantische Informationen über die zu behaltenden Wörter im Kurzzeitgedächtnis. Diese Informationen gestatten es ihr, die dazugehörigen Wörter im Langzeitgedächtnis zu spezifizieren und zu reproduzieren, so daß diese Informationen die Funktion von Retrieval-Cues übernehmen können. Da aber das Kurzzeitgedächtnis im Unterschied zum Langzeitgedächtnis sehr störanfällig ist, die hier gespeicherte Information also tatsächlich vergessen werden kann, bedeutet dies, daß die zur Reproduktion der Wörter notwendigen Retrieval-Cues verlorengehen, nicht aber die dazugehörigen Wörter, da diese im Langzeitgedächtnis gespeichert sind. Retrieval-Cues können beispielsweise dadurch verlorengehen, daß die Vpn nicht nur eine, sondern mehrere Listen zu behalten haben (Tulving & Psotka 1971). Bietet man deshalb den Vpn zum Zeitpunkt der Reproduktion die Retrieval-Cues dar, die sie vergessen haben, so können sie auch die dazugehörigen Wörter reproduzieren, die ihnen zuvor nicht eingefallen sind.

Erst dies macht auch die reproduktionsverbessernde Wirkweise von Recodierprozessen verständlich. Denn man kann davon ausgehen, daß das Kurzzeitgedächtnis nur eine begrenzte Anzahl von Retrieval-Cues speichern kann. Deshalb kann eine Vp um so mehr Wörter reproduzieren, je mehr Wörter sie durch einen einzigen Retrieval-Cue kennzeichnen und aus dem Langzeitgedächtnis abrufen kann. Wenn also eine Vp kategorial ähnliche Wörter durch einen gemeinsamen Oberbegriff ersetzt, so kann sie mit Hilfe dieses Retrieval-Cues viele der in ihrem Langzeitgedächtnis gespeicherten Wörter spezifizieren und reproduzieren.

Zusammenfassend läßt sich also folgendes feststellen: Bei Listen mit kategorial ähnlichen Wörtern werden die einzelnen Wörter gemäß ihrer Ähnlichkeit zu umfassenderen Gedächtniseinheiten recodiert. Dies zeigt sich vor allem an folgendem:

1. Listen mit kategorial ähnlichen Wörtern werden besser behalten als Listen mit semantisch unzusammenhängenden Wörtern.
2. Die Wörter einer Kategorie werden, wenn sie zu einer Gedächtniseinheit recodiert worden sind, unmittelbar nacheinander reproduziert, d. h. in Form eines »Clusters« oder »Chunks« (zur Erfassung dieser Cluster siehe u. a. Shuell 1969, Gold & Cowles 1973, Pellegrino & Battig 1974, Friendly 1977).
3. Sofern die Wörter einer Kategorie zu einer Gedächtniseinheit recodiert worden sind, weist die Reproduktion eine »Alles-oder-nichts-Charakteristik« auf: Entweder fallen der Vp alle Wörter dieser Einheit ein, oder aber kein einziges Wort.
4. Sofern letzteres der Fall ist, kann man die Reproduktionsleistung dadurch verbessern, daß man der Vp die entsprechende Kategorienbezeichnung als Reproduktionshilfe vorgibt. Dies gilt jedoch nur dann, wenn dieser Retrieval-Cue mit dem Organisationskern identisch ist, den die Vp zur Recodierung verwendet hat (siehe dazu auch Hicks & Young 1973). Entsprechend hat der Oberbegriff, der zur Recodierung kategorial ähnlicher Wörter verwendet worden ist, in der Encodierphase die Funktion eines Organisationskerns und zum Zeitpunkt der Reproduktion die Funktion eines Retrieval-Cues, mit dessen Hilfe die Vp die dazugehörigen Wörter aus ihrem Langzeitgedächtnis abruft.

Die Recodierprozesse können der Vp dadurch erleichtert werden, daß

5. Wörter verwendet werden, deren Zuordnung zu den gemeinsamen Oberbegriffen eindeutig ist,
6. die miteinander ähnlichen Wörter so angeordnet werden, daß ihr semantischer Zusammenhang deutlich wird,
7. die zu behaltende Wortliste über eine längere Zeit hinweg oder aber mehrfach dargeboten wird,
8. die Vpn durch die Instruktion dazu angehalten werden, die einzelnen Wörter inhaltlich miteinander zu vergleichen.

Schließlich lassen Untersuchungen von Bower et al. (1969) vermuten, daß die Recodierung einzelner Wörter zu einer Gedächtniseinheit nicht nur mit Hilfe von Oberbegriffen erfolgen kann, die diesen Wörtern direkt übergeordnet sind, sondern auch mit Hilfe von Oberbegriffen, welche der 3. oder 4. Hierarchie-Ebene einer Begriffshierarchie angehören (vgl. dazu Figur 3). Untergeordnete Kategorien können also durch übergeordnete Kategorien zu Einheiten höherer Ordnung recodiert werden (siehe dazu auch Zimmer 1976). Untersuchungen von Wortman (1975) zeigen allerdings, daß die »Recodierung erster Ordnung« mit

Hilfe von Oberbegriffen, die den einzelnen Wörtern direkt übergeordnet sind, in der Regel die primäre Recodierform ist. Assoziationsuntersuchungen von Loftus & Bolton (1974) lassen erkennen, warum dies so ist: Der einem Wort direkt übergeordnete Oberbegriff wird schneller und damit weniger kapazitätsaufwendig assoziiert als ein Oberbegriff, der eine höhere Hierarchie-Ebene einnimmt. Entsprechend liegt es nahe, Recodierprozesse mit Hilfe von Oberbegriffen zu vollziehen, die den zu behaltenden Wörtern direkt übergeordnet sind.

3.2 Das Behalten unverbundener Wörter

3.2.1 Subjektive Organisation

Wenden wir uns nunmehr der Frage zu, wie eine Vp vorgehen muß, wenn sie eine Liste mit beispielsweise 50 verschiedenen, inhaltlich unzusammenhängenden Wörtern behalten will. Dies ist nach den bisherigen Überlegungen nur dann möglich, wenn es auch hier gelingt, mehrere Wörter zu einer Einheit zusammenzufassen. Denn würde jedes Wort als eine getrennte Einheit gespeichert werden, könnte man von den 50 Wörtern nur ca. 5 bis 7 Wörter behalten.

Daß diese Überlegungen zutreffend sind, konnte Mandler (1967) in einer Reihe von Versuchen zeigen, auf die im folgenden näher eingegangen werden soll: Mandler legte seinen Vpn 50 unzusammenhängende Substantive vor, die auf einzelnen Kärtchen gedruckt waren. Diese 50 Wörter sollten die Vpn in eine bestimmte Anzahl von Klassen unterteilen, nach Gesichtspunkten, die ihnen selbst überlassen blieben. Einzige Bedingung: Die Vpn mußten so viele Sortierversuche durchführen, bis es ihnen gelang, die 50 Wörter zweimal hintereinander in derselben Weise zu unterteilen. Variiert wurde dabei die Zahl der Klassen, die die Vpn zum Sortieren verwenden durften: einem Teil der Vpn wurden 2 Klassen vorgeschrieben, anderen 3, 4, 5, 6 oder 7 Klassen. Anderen Vpn wiederum wurde die Anzahl der Sortierkategorien freigestellt.

Hierbei ist zu vermuten, daß eine Vp diese Aufgabe nur dann erfüllen kann, wenn es ihr gelingt, auch zwischen diesen Wörtern, die »an sich« unverbunden waren, irgendwelche inhaltlichen Beziehungen zu knüpfen; sie könnte sogenannte »Eselsbrücken« verwenden und beispielsweise alle diejenigen Wörter zu einer Klasse zusammenfassen, die Gegenstände oder Personen aus ihrem persönlichen Lebensbereich bezeichnen. Solange es ihr nämlich nicht gelingt, die Wörter inhaltlich miteinander zu verbinden, wird sie diese bei jedem Sortierversuch in unterschiedlicher Weise gruppieren.

Nachdem die Vpn gelernt hatten, zweimal hintereinander 50 »unzusammenhängende« Wörter in derselben Weise in 2 bis 7 Gruppen zu unterteilen, erfolgte eine zuvor nicht angekündigte Behaltensprüfung; die Vpn wurden aufgefordert, alle noch behaltenen Wörter in beliebiger Reihenfolge aufzuschreiben. Ergebnis: Obwohl die Vpn die Behaltensprüfung nicht erwartet hatten, konnten sie in der Regel sehr viel mehr als nur 7 Wörter erinnern. Wie viele Wörter sie reproduzieren konnten, hing von der Anzahl der verwendeten Sortierkategorien ab: Bei Verwendung von 7 Kategorien konnten sie fast die gesamte Liste mit 50 Wörtern erinnern, bei 2 Kategorien dagegen nur ca. 10 Wörter. Jede zusätzliche Sortierkategorie steigerte die Reproduktionsleistung um durchschnittlich 5 Wörter, jedoch nur bis zu einer Zahl von 7 Kategorien; eine über die Zahl 7 hinausgehende Steigerung der Kategorienzahl brachte also keinen zusätzlichen Behaltensgewinn.

Mandlers Schlußfolgerungen: Eine Vp kann bei derartigen Versuchen nur 5 bis 7 verschiedene Gedächtniseinheiten speichern (wie dies in ähnlicher Weise bereits Miller, 1956, postuliert hatte; vgl. Kap. 2). Eine einzelne Gedächtniseinheit kann jedoch nicht mehr als ca. 5 einzelne Wörter umfassen; ist sie größer, kann die Vp diese Einheit nur teilweise reproduzieren, es sei denn, die Vp hat diese Einheit in 2 Untereinheiten organisiert. Wenn eine Vp also 50 Wörter zu 2 Einheiten organisiert hat, kann sie anschließend ca. 10 Wörter erinnern, bei 3 Einheiten sind es immerhin ca. 15 Wörter usw. In weiteren Versuchen stellte Mandler fest, daß die Zahl der Sortierversuche, die eine Vp bis zum Erreichen des Sortierkriteriums benötigt, keinen Einfluß auf die spätere Reproduktionsleistung ausübt. Für die nachfolgende Behaltensleistung ist es also unerheblich, wie oft die Vp die Wörter zuvor gesehen hat. Entscheidend ist allein, ob es ihr gelungen ist, zwischen einzelnen Wörtern inhaltliche Verbindungen herzustellen und sie dadurch zu größeren Einheiten zu recodieren, wie viele derartige Einheiten sie gebildet hat und wie viele Einzelwörter sie zu einer Einheit recodiert hat.

Diese Befunde haben allerdings durch neuere Untersuchungen eine Einschränkung vor allem in quantitativer Hinsicht erfahren. So konnte Melkman (1975) feststellen, daß der Zusammenhang zwischen der Behaltensleistung und der Anzahl der verwendeten Sortierkategorien vor allem dadurch bestimmt wird, wie viele Kategorien eine Vp natürlicherweise präferiert: Sofern den Vpn vorgeschrieben wurde, wie viele Kategorien sie beim Sortieren von 50 unzusammenhängenden Wörtern verwenden sollten, war der Zusammenhang zwischen der Anzahl der verwendeten Sortierkategorien und der Behaltensleistung nur schwach ausgeprägt, während sich ein enger Zusammenhang zeigte, wenn man den Vpn die Kategorienzahl freistellte. Dieser Zusammenhang war dann am deutlichsten ausgeprägt, wenn man den Vpn eine Kategorienzahl vorschrieb, die ihrer subjektiv präferierten Anzahl entsprach. Melkman erklärt diesen Befund damit, daß sich die verschiedenen Vpn in ihrer »kognitiven Differenziertheit« voneinander unterschieden. Diese Differenziertheit spiegelte sich in den unterschiedlichen Präferenzen wider. Deshalb war es zwar für eine Vp mit einer hohen kognitiven Differenziertheit angemessen, ihr eine hohe Kategorienanzahl vorzuschreiben, nicht aber für eine Vp mit einer geringeren Differenziertheit. Dies ist auch der Grund, warum die von Mandler (1967) beobachtete Anzahl von 5 bis 7 Kategorien der Größe von 5 bis 7 Wörter keine Allgemeingültigkeit besitzt.

Zweifel an der Allgemeingültigkeit dieser Befunde wurden auch von Basden & Higgins (1972) vorgetragen. Im Unterschied zu Mandler boten diese Autoren ihren Vpn dreimal nacheinander 52 unverbundene Wörter zum Behalten dar; erst *danach* sollten die Vpn diejenigen Wörter, die sie nach dem 3. Durchgang reproduziert hatten, in der bekannten Weise zu Gruppen sortieren. Grundgedanke der Autoren: Wenn das Behalten unverbundener Wörter darauf basiert, daß die Vpn einzelne Wörter zu Wortgruppen recodiert haben, müßten sich diese während der Darbietung der Wörter gebildeten Gruppen auch im Sortierverhalten widerspiegeln. Ergebnis: Wurde die Zahl der Sortierkategorien auf maximal 7 begrenzt, ergab sich keinerlei Zusammenhang zwischen der Anzahl der Sortierkategorien und den Behaltensleistungen (Experiment 1); ein derartiger Zusammenhang zeigte sich nur dann, wenn die Vpn mehr als 7 Kategorien verwenden durften. Hier wählten die Vpn durchschnittlich 8,7 verschiedene Kategorien (Experiment 2).

Auch diese Untersuchung zeigt, daß das Behalten unverbundener Wörter durch die Bildung von Wortgruppen verbessert wird, und zwar um so mehr, je mehr

Gruppen gebildet werden. Entgegen den Befunden von Mandler (1967) gilt dies jedoch nur dann, wenn die Vpn mehr als 7 Gruppen bilden können, die weniger als 7 Wörter umfassen. Diese gegensätzlichen Ergebnisse sind nicht darauf zurückzuführen, daß Mandler seine Vpn die Wörter zunächst sortieren und erst danach reproduzieren ließ, während die Vpn der Untersuchung von Basden & Higgins die Wörter zunächst behalten und erst danach sortieren sollten. Denn in einem 3. Experiment gingen Basden & Higgins ähnlich wie Mandler vor, ließen die Vpn also zunächst sortieren und erst danach reproduzieren. Ergebnis: Auch hier zeigten diejenigen Vpn, die mehr als 7 Sortierkategorien verwendet hatten, bessere Reproduktionsleistungen als Vpn, die 7 oder weniger Kategorien gewählt hatten.

Interpretation: Diese Widersprüche werden dann verständlich, wenn man annimmt, daß Recodierprozesse mehr oder weniger Wörter umfassen können je nachdem, wie oft eine Wortliste dargeboten wird. Und eben in dieser Hinsicht unterscheiden sich die verschiedenen Untersuchungen, was Basden & Higgins (1972) offensichtlich übersehen haben. Mandler (1967) bewirkte durch sein Vorgehen, daß die Vpn ein stabiles Organisationsschema aufbauten; die Vpn mußten die Wörter solange sortieren, bis sie diese zweimal hintereinander in derselben Weise sortiert hatten. Basden & Higgins dagegen boten in ihren ersten beiden Experimenten die Wortliste nur dreimal zum Behalten dar, bevor die Vpn die Wörter sortieren sollten. Die Vpn konnten deshalb die Wortliste nur unvollständig recodieren, sichtbar daran, daß sie auch nach dem dritten Durchgang nur einen Teil der Wörter reproduzieren konnten. Der anschließende Sortierversuch indizierte deshalb nur ein Zwischenstadium der Recodierprozesse, die in der Untersuchung von Mandler ihr Endstadium erreichen konnten. Dieses Zwischenstadium könnte durchaus darin bestanden haben, daß die Vpn nur je 2 Wörter zu einer Gruppe recodieren konnten und dann abbrechen mußten, da keine weitere Listendarbietung erfolgte. Ein in diesem Sinne unvollständiges Recodierstadium haben Basden & Higgins möglicherweise auch in ihrem 3. Experiment erfaßt: Zwar ließen sie hier die Vpn die Wörter zunächst sortieren und erst danach reproduzieren; im Unterschied zu Mandlers Vorgehen mußten die Vpn die Wörter jedoch lediglich *einmal* sortieren, wurden also nicht dazu veranlaßt, ein vollständiges und stabiles Organisationsschema auszubilden. Entsprechend kann man vermuten, daß Basden & Higgins auch hier ein Zwischenstadium der Recodierprozesse erfaßt haben, die im Falle von Mandlers Untersuchungen abgeschlossen waren. Demzufolge könnte man die quantitativen Angaben von Basden & Higgins (1972) als Kennzeichen eines frühen und diejenigen von Mandler (1967) als Kennzeichen eines späten Recodierstadiums interpretieren: Zunächst versucht der Rezipient zwischen jeweils 2 Wörtern semantische Relationen herzustellen, um danach bis zu 7 Wörter zu einer Einheit zu integrieren. Hierzu sind viele Listenwiederholungen notwendig, da die Wörter keine erkennbaren Ähnlichkeitsrelationen aufweisen. Deshalb sind die Vpn darauf angewiesen, Zusammenhänge nach subjektiven Gesichtspunkten herzustellen, weshalb Recodierprozesse dieser Art seit Tulving (1962) als *subjektive Organisation* bezeichnet werden (siehe dazu auch Bredenkamp & Wippich 1977).

Inzwischen liegen Untersuchungen vor, die diese Sichtweise stützen: So boten Mandler & Dean (1969) ihren Vpn 16 unverbundene Substantive insgesamt 17-mal zum Behalten dar, jedoch in unterschiedlicher Weise. Eine Gruppe von Vpn erhielt alle 16 Wörter 17mal in derselben Reihenfolge dargeboten. Eine andere Gruppe erhielt dagegen die Wörter sukzessive: beim ersten Durchgang ein Wort, beim 2. Durchgang dasselbe Wort nochmals sowie ein weiteres Wort; beim 3. Durchgang zusätzlich ein 3. Wort usw. Diese Gruppe erhielt die gesamte Wortliste also erst beim 16. Durchgang und sah damit die meisten Wörter sehr viel seltener als die erste Gruppe. Dennoch zeigten beide Gruppen nach dem 17. Durchgang dieselben Behaltensleistungen, was nur damit zu erklären ist, daß Recodierprozesse dieser Art sequentiell verlaufen: Die Vpn können während der ersten Listendarbietung nicht mehr als 2 oder 3 Wörter semantisch verbinden. Deshalb spielt es keine Rolle, ob eine Liste mit unverbundenen Wörtern zunächst nur teilweise oder im ganzen dargeboten wird. Eine derartige Interpretation legen auch die Ergebnisse anderer Darbietungsformen nahe, die Mandler & Dean verwendet haben.

Bennett & Davies (1973) stellten fest, daß bei einer Wortliste, die mehrfach dargeboten wurde, die Anzahl der Recodiereinheiten über die verschiedenen Durchgänge hinweg konstant blieb. Was sich jedoch änderte, war die Größe dieser Einheiten; nach dem ersten Durchgang bestanden sie in der Regel aus einem Wort, um danach durch zusätzliche Wörter erweitert zu werden, wenn die Liste nochmals dargeboten wurde. Die bei früheren Listendarbietungen gebildeten Gedächtniseinheiten wurden dabei nicht aufgelöst, sondern blieben bei nachfolgenden Durchgängen als Basiseinheiten erhalten, die lediglich ergänzt wurden (siehe dazu auch Buschke 1976).

Die Wiederholung einer Wortliste verbessert also nur insofern die Behaltensleistung, als sie dazu führt, daß die Vpn umfassendere Gedächtniseinheiten bilden können. Der Aufbau derartiger Einheiten zeigt sich dabei nicht nur an einer mit der Listenwiederholung zunehmenden Behaltensleistung, sondern auch daran, daß die Vpn die zu behaltenden Wörter zunehmend in derselben Abfolge reproduzieren (Tulving 1962). Diese *subjektive Organisation* der Reproduktionen zeigt sich auch dann, wenn die Abfolge, in der die Wörter dargeboten werden, von Durchgang zu Durchgang verändert wird. Entsprechend liegt es nahe, die subjektiven Organisationsprozesse gleichzusetzen mit dem von Bousfield und seinen Mitarbeitern beobachteten Clusterphänomen, und sie als Indiz für den Aufbau übergeordneter Gedächtniseinheiten anzusehen.

Diese Interpretation wird dadurch gestützt, daß das Ausmaß der subjektiven Organisation und die Güte der Behaltensleistung eng miteinander korrelieren (Tulving 1962). Zugleich entspricht dieser Befund der Annahme, daß eine Listenwiederholung die Behaltensleistung dadurch verbessert, daß sie der Vp die zum Behalten notwendigen Recodierprozesse ermöglicht.

Daraus folgt umgekehrt, daß eine Listenwiederholung ohne Einfluß auf die Behaltensleistung bleiben sollte, wenn die Vpn daran gehindert werden, umfassendere Gedächtniseinheiten aufzubauen. Daß diese Vermutung zutreffend ist, zeigt eine Untersuchung von Tulving (1966). Hier erhielten die Vpn der Experimentalgruppe zunächst eine Liste mit 18 unverbundenen Wörtern mehrfach zum Behalten dargeboten. Anschließend erhielten sie eine zweite Liste mit 36 Wörtern, von denen die Hälfte mit den zuvor dargebotenen 18 Wörtern identisch waren.

Quantitativ betrachtet mußten die Vpn also nicht 36, sondern nur 18 neue Wörter behalten. Deshalb sollten sie diese 36 Wörter sehr viel besser behalten als eine Kontrollgruppe, die 36 vollständig neue Wörter behalten mußte. Dies war jedoch nicht der Fall: Die Experimentalgruppe zeigte nur nach den ersten Durchgängen bessere Reproduktionsleistungen als die Kontrollgruppe, die eine vollständig neue Liste erhalten hatte. Bei späteren Durchgängen war dies sogar um-

gekehrt; hier machte die Kontrollgruppe bessere Behaltensfortschritte als die Experimentalgruppe.
Interpretation: Die subjektive Organisation unzusammenhängender Wörter ist gleichbedeutend mit einem Recodiervorgang, bei dem die Vpn versuchen, nach idiosynkratischen Gesichtspunkten Verbindungen zwischen den Wörtern zu knüpfen. Diese Verbindungen sind listenspezifisch und deshalb auf eine andere Wortliste nicht übertragbar, selbst dann nicht, wenn beide Listen teilidentisch sind.

3.2.2 Zum Mechanismus subjektiver Organisation: Die Wahl der Organisationskerne

Wenden wir uns nunmehr der Frage zu, wie es einer Vp gelingen kann, zwischen »an sich« unzusammenhängenden Wörtern inhaltliche Verbindungen herzustellen. Hierbei handelt es sich um eine Aufgabe, die im Vergleich mit der Recodierung von kategorial ähnlichen Wörtern sehr viel schwieriger und damit kapazitätsbelastender ist (Martin et al. 1973). Dies macht auch verständlich, warum kategorial ähnliche Wörter relativ schnell behalten werden, während unverbundene Wörter öfter oder länger dargeboten werden müssen, damit sie vollständig behalten werden können.
Untersuchungen von Wippich (1976) zeigen in diesem Zusammenhang, daß dies andere Fähigkeiten erfordert als die Recodierung kategorial ähnlicher Wörter: Das Ausmaß, mit der es den Vpn hierbei gelang, unverbundene Wörter zu Wortgruppen zu recodieren (subjektive Organisation), korrelierte mit dem Behalten *dieser* Wörter, nicht aber mit dem Behalten anderer, kategorial ähnlicher Wörter. Dasselbe zeigte sich auch umgekehrt: Das Ausmaß des Clustering, welches eine Vp bei kategorial ähnlichen Wörtern vollzog, korrelierte zwar mit dem Behalten *dieser* ähnlichen Wörter, nicht aber mit dem Behalten unverbundener Wörter. Mit anderen Worten: Clustering und subjektive Organisation sind bei einer Vp weitgehend unkorreliert. Das läßt vermuten, daß es sich bei der subjektiven Organisation unverbundener Wörter und dem Clustering kategorial ähnlicher Wörter um Recodierprozesse handelt, die unterschiedliche Fähigkeiten des Individuums erfordern.
Man kann vermuten, daß diese unterschiedlichen Fähigkeiten den von Guilford (1964) beschriebenen »konvergenten« und »divergenten« Denkoperationen entsprechen (siehe dazu Guthke 1977). Im Falle von kategorial ähnlichen Wörtern ist nur *ein* Oberbegriff angemessen, den die Vp finden und den Wörtern zuordnen muß (konvergente Operation). Im Falle unverbundener Wörter dagegen gibt es keinen derartigen Oberbegriff. Hier ist die Vp gehalten, jedes einzelne Wort nach möglichst verschiedenen Aspekten zu verarbeiten (divergente Operation). Denn nur auf diese Weise kann sie auf semantische Übereinstimmungen stoßen, die es gestatten, die Wörter zu einer Einheit zu recodieren. Für diese Interpretation spricht der Befund, daß Listen mit unverbundenen Wörtern oder Silben hoher Bedeutungshaltigkeit zu einer ausgeprägteren subjektiven Organisation führen als Listen, deren Wörter oder Silben nur wenig bedeutungshaltig sind (Glidden & Roemer 1974): Bedeutungshaltiges Sprachmaterial zeichnet sich gegenüber bedeutungsarmem Material dadurch aus, daß es zu zahlreichen Assoziationen führt. Entsprechend ist hier die Wahrscheinlichkeit groß, daß einige Wörter oder Silben in bestimmten Assoziationen übereinstimmen und dadurch zu einer Einheit verbunden werden. Dies impliziert die Annahme, daß die aus unverbundenen Wörtern bestehenden Gedächtniseinheiten ebenso aufgebaut sind wie

diejenigen Einheiten, die durch kategorial ähnliche Wörter gebildet werden: dort ist es der Oberbegriff, hier sind es übereinstimmende Assoziationen im Sinne sogenannter »natural language mediators«, welche die Funktion von Organisationskernen übernehmen.

Daß diese Vermutung zutreffend ist, zeigt eine Untersuchung von Bellezza & Poplawsky (1974). Auch hier erhielten die Vpn eine Reihe von Wortpaaren, die sich aus unverbundenen Wörtern zusammensetzten. Ihre Aufgabe bestand darin, für einige Wortpaare jeweils ein Wort zu finden, welches die beiden Wörter inhaltlich miteinander verband. Eine anschließend durchgeführte Behaltensprüfung zeigte folgendes: Diejenigen Paare, für welche die Vpn ein gemeinsames Wort generiert hatten, wurden besser behalten als Paare, die durch keinen derartigen Mediator verbunden waren. Die Reproduktion der zu einer Einheit verbundenen Paare war darüber hinaus an eine Reproduktion des betreffenden Mediators gebunden. Dies entspricht den zuvor (vgl. Kapitel 3.1) diskutierten Befunden zur Recodierung kategorial ähnlicher Wörter: Auch hier ist die Reproduktion der zu einer Einheit recodierten Wörter an die Verfügbarkeit des Oberbegriffs gebunden, der die Funktion eines Organisationskerns übernommen hat.

Untersuchungen von Mandler, Worden & Graesser (1974) zeigen allerdings, daß bei unverbundenen Wörtern in der Regel nicht ein selbst generierter »natural language mediator« die Funktion eines Organisationskerns übernimmt, sondern ein von den Vpn nach subjektiven Gesichtspunkten ausgewähltes Listenwort. Darüber hinaus macht diese Untersuchung deutlich, wie drastisch die Folgen für das Behalten sind, wenn man die Vpn daran hindert, Gedächtniseinheiten mit Hilfe von Organisationskernen aufzubauen. Den Ausgangspunkt bildete für Mandler et al. ein Befund von Tulving (1966), der bereits in anderem Zusammenhang vorgestellt wurde (vgl. Kapitel 3.1): Eine Vp, die dreimal hintereinander dieselbe Wortliste reproduzieren soll, ohne daß eine neuerliche Listendarbietung erfolgt, erinnert keinesfalls immer dieselben Wörter, sondern bei späteren Reproduktionsversuchen Wörter, die sie zuvor nicht erinnert hat, während sie zuvor erinnerte Wörter später nicht mehr reproduziert. Allerdings gibt es auch Wörter, die eine Vp bei allen drei Reproduktionsversuchen erinnert. Überlegung von Mandler et al.: Diese bei allen drei Versuchen erinnerten Wörter sind vielleicht diejenigen, die zur Bildung von Gedächtniseinheiten verwendet werden. Wenn dies so ist, sollte man derartige Recodierprozesse dadurch verhindern können, daß man bei nachfolgenden Listendarbietungen diese Wörter aus der Liste entfernt und durch neue Wörter ersetzt. Entsprechend boten die Autoren ihren Vpn eine Liste mit 16 unverbundenen Wörtern insgesamt fünfmal zum Behalten dar. Nach jeder Darbietung sollten die behaltenen Wörter in der beschriebenen Weise dreimal hintereinander aufgeschrieben werden, bevor eine neue Listendarbietung erfolgte. Bei dieser neuerlichen Listendarbietung wurden diejenigen Wörter durch neue Wörter ersetzt, welche die Vp zuvor dreimal hintereinander reproduziert hatte. Ergebnis: Die negative Wirkung dieses Vorgehens auf die Reproduktionsleistung war beträchtlich. Die Vpn konnten aus der Tatsache, daß ein großer Teil der Listenwörter insgesamt fünfmal dargeboten wurde, keinerlei Nutzen ziehen. Deshalb zeigten sie dieselben Leistungen wie eine Kontrollgruppe, die bei jedem der 5 Durchgänge eine vollständig neue Wortliste zu behalten hatte.

Interpretation: Die Vpn versuchten die Wortliste dadurch zu behalten, daß sie zwischen den einzelnen Wörtern semantische Relationen herstellten. Sie verwendeten dazu bestimmte Listenwörter als Organisationskerne, die deshalb bevorzugt behalten wurden. Diese Organisationskerne konnten ihre Funktion jedoch nur kurzfristig erfüllen, weil sie durch jeweils neue Wörter ersetzt wurden. Dies führte dazu, daß die Vpn bei jeder Listenwiederholung erneut versuchen mußten, Verbindungen zwischen den Wörtern herzustellen, obwohl ihnen ein Großteil der Wörter bereits bekannt war, da diese nicht durch neue Wörter ersetzt worden waren. Daß deren wiederholte Darbietung keine Behaltensverbesserung zur Folge hatte, entspricht den schon berichteten Untersuchungsergebnissen. Danach wird durch eine Wiederholung von Wörtern das Behalten nur dann verbessert, wenn es der Vp gelingt, zunehmend mehr Wörter miteinander zu verbinden. Wenn aber diejenigen Wörter, welche der Vp dazu dienen, diese Verbindungen herzustellen, durch neue Wörter ersetzt werden, kann die Vp aus der Wiederholung bestimmter Wörter keinerlei Nutzen ziehen, da sie jeweils von vorn beginnen muß, geeignete Wörter als Organisationskerne zu spezifizieren. Deshalb befindet sie sich in derselben Situation wie eine Vp, die nach jeder Reproduktion eine vollständig neue Wortliste erhält.

3.2.3 Das Behalten konkreter und abstrakter Wörter

Listen mit kategorial ähnlichen Wörtern weisen eine relativ leicht erkennbare semantische Struktur auf, dürften also die meisten Vpn dazu veranlassen, Recodierprozesse mit Hilfe kategorialer Oberbegriffe zu vollziehen. Im Unterschied dazu sind Listen mit unverbundenen Wörtern semantisch unstrukturiert, so daß die einzelnen Vpn hierbei unterschiedliche Verarbeitungsstrategien mit unterschiedlichen Behaltenskonsequenzen verwenden sollten.
Daß diese Vermutung zutreffend ist, zeigen Untersuchungen von Glidden (1974), die ihre Vpn nach den von ihnen verwendeten Strategien befragte: Hier verwendete nur ein Teil der Vpn eine auf den Zusammenhang mehrerer Wörter gerichtete Organisationsstrategie. Zugleich waren dies diejenigen Vpn, welche eine sehr viel stärker ausgeprägte subjektive Organisation aufwiesen als diejenigen Vpn, welche angaben, keine derartige Strategie verwendet zu haben.
Untersuchungen von Paivio (1969), Bower, Lesgold & Tiemann (1969a), Mueller & Jablonski (1970), Bosshardt (1973) u. a. zeigen, daß eine sehr effektive Behaltensstrategie darin besteht, sich die durch die Wörter bezeichneten Sachverhalte visuell vorzustellen. Dies setzt freilich voraus, daß es sich hierbei um konkrete Wörter wie *Hund, Mond, Tisch* handelt, im Unterschied zu abstrakten Wörtern wie *Gerechtigkeit, Theorie, Langeweile,* deren Bedeutung man sich nur schwer vorstellen kann (siehe dazu zusammenfassend Paivio 1971).
Warum sich eine derartige Imagery-Strategie behaltensverbessernd auswirkt, läßt eine schon relativ frühe Untersuchung von Paivio (1965) erkennen, bei der die Vpn einer Paar-Assoziationsaufgabe unterzogen wurden: Sie erhielten eine Reihe von Substantivpaaren dargeboten, von denen der eine Paarling die Funktion eines Stimulus, der andere die Funktion einer Response übernahm. Die Behaltensprüfung erfolgte, indem nach der Darbietung der Wortpaare die Stimuluswörter vorgegeben wurden und die Vpn mit den dazugehörigen Response-Wörtern zu reagieren hatten. Diese Aufgabe konnten die Vpn nur dann bewältigen, wenn es ihnen gelang, zwischen den Wörtern eines Paares inhaltliche Verbindungen herzustellen. Um zu überprüfen, ob hierbei die Vorstellbarkeit der durch die Wörter bezeichneten Sachverhalte eine Rolle spielt, verwendete Paivio Wortpaare, von denen sich ein Teil aus konkreten Stimulus- und Response-Wörtern

zusammensetzte (CC), ein anderer Teil aus konkreten Stimulus- und abstrakten Responsewörtern (CA), ein dritter Teil aus abstrakten Stimulus- und konkreten Responsewörtern (AC) und ein vierter Teil schließlich aus abstrakten Wörtern (AA). Ergebnis: Die Behaltensleistungen nahmen in der folgenden Reihenfolge ab: CC, CA, AC, AA; die besten Behaltensleistungen zeigten sich also, wenn beide Wörter eines Paares leicht vorstellbare, konkrete Sachverhalte bezeichneten, die schlechtesten Leistungen, wenn sich beide Wörter auf abstrakte, nur schwer vorstellbare Sachverhalte bezogen. Dies sieht Paivio als Bestätigung seiner »conceptual peg theory« (sinngemäß etwa: Theorie des konzeptuellen Aufhängers) an, die besagt, »daß Imagery das Lernen dadurch beeinflußt, daß es eine Verknüpfung der beiden Glieder eines Paares möglich macht (S. 37)«. Handelt es sich bei dem Stimulus also um ein konkretes Wort, welches eine Vorstellung induziert, kann das Response-Wort mit dieser Vorstellung und damit mit dem Stimulus-Wort verknüpft werden. Dies fällt dann besonders leicht, wenn es sich bei dem Response-Wort ebenfalls um ein konkretes Wort handelt.

Vorstellungen beeinflussen das Behalten also in derselben Weise wie die zuvor beschriebenen Recodierprozesse, so daß es naheliegt, eine derartige Imagery-Strategie als eine spezielle Recodier-Strategie anzusehen.

Daß diese Interpretation zutreffend ist, zeigen Untersuchungen von Morris & Stevens (1974). Hier sollten die Vpn eine Liste mit 24 konkreten Wörtern behalten, wobei die Art der Instruktion variiert wurde: Gruppe 1 sollte jeweils 3 Wörter durch ein gemeinsames Vorstellungsbild miteinander vereinigen, aus den 24 Wörtern also 8 verschiedene Imagery-Einheiten bilden. Gruppe 2 sollte zu jedem Wort eine gesonderte Vorstellung erzeugen, während Gruppe 3 lediglich eine Behaltens-, jedoch keine Imagery-Instruktion erhielt. Ergebnis: Gruppe 1 reproduzierte sehr viel mehr Wörter als die Gruppen 2 und 3, die sich in ihren Behaltensleistungen nicht voneinander unterschieden. Darüber hinaus zeigte eine Clusteranalyse, daß die Vpn der Gruppe 1 die durch ein einheitliches Vorstellungsbild verbundenen Wörter zusammen reproduzierten. Dies deutet darauf hin, daß diese Wörter eine Gedächtniseinheit bildeten, im Unterschied zu den Gruppen 2 und 3, bei denen sich keine derartige Cluster-Tendenz zeigte. Clusteranalysen von Wittrock & Goldberg (1975) lassen allerdings erkennen, daß es bei konkreten Wörtern in der Regel keiner besonderen Instruktion bedarf, um die Vpn zu einer integrativen Imagery-Strategie zu veranlassen.

Eine derartige Strategie wird offensichtlich bereits dadurch nahegelegt, daß es sich um konkrete Wörter handelt. Die hier vorliegende Situation ist damit mit derjenigen vergleichbar, die bei Listen mit kategorial ähnlichen Wörtern gegeben ist: Dort ist es die semantische Ähnlichkeit, hier die Konkretheit, welche die Vpn dazu veranlaßt, mehrere Wörter zu einer Gedächtniseinheit zu recodieren. Diese Übereinstimmung spricht auch dagegen, den Behaltensunterschied zwischen konkreten und abstrakten Wörtern als ein Phänomen sui generis anzusehen (siehe dazu auch Petersen 1974). Vielmehr scheint dieser Unterschied auf denselben Faktoren zu beruhen wie die Unterschiede zwischen dem Behalten semantisch ähnlicher und unverbundener Wörter: All diese Wortarten unterscheiden sich in ihrer Recodierbarkeit, d. h. Leichtigkeit, mit der es den Vpn gelingt, zwischen den Wörtern inhaltliche Zusammenhänge herzustellen. Für diese Sichtweise sprechen auch Untersuchungen zum Behalten konkreter Sätze und Texte, die weiter unten diskutiert werden. Insofern ist es verwunderlich, daß bei den Kontroversen um das Imagery-Problem dieser Aspekt vollkommen negiert wird, so beispielsweise von Kosslyn & Pomerantz (1977).

Wenden wir uns nunmehr der Frage zu, wie eine Vp vorgeht, wenn sie eine Liste mit unverbundenen Sätzen behalten soll. Die im folgenden diskutierten Untersuchungen zeigen, daß die hierbei ablaufenden Verarbeitungsprozesse alle bislang behandelten Charakteristiken von Recodierprozessen aufweisen: Bestimmte Satzteile übernehmen die Funktion eines Organisationskerns, mit dessen Hilfe einzelne Satzteile zu einer semantischen Gedächtniseinheit recodiert werden. Auch hierbei sind bestimmte Sätze leichter recodierbar als andere Sätze, wie dies für bestimmte Wortarten demonstriert wurde.

Kontrollfragen

1. Welche Gemeinsamkeiten und Unterschiede bestehen zwischen dem »Clustering« und der »Subjektiven Organisation«?
2. Versuchen Sie bei den folgenden 2 Wortreihen die als Organisationskern fungierenden Wörter zu bestimmen:
   (1) Amsel, Feile, Schere, Meise, Kiefer, Birke, Taube, Tanne, Nagel, Bohrer, Rabe, Buche.
   (2) Brief, Regen, Tafel, Dose, Haus, Nest, Birne, Buch, Glas, Tanne, Flasche, Hirsch.
3. Gründe für die Unterscheidung zwischen der »Availability« und »Accessibility« von Gedächtnisinhalten?
4. Warum wird die Reproduktionsleistung besser, wenn man eine Liste mit zusammenhängenden oder unzusammenhängenden Wörtern mehrfach darbietet?
5. Warum kann man eine Liste mit konkreten Wörtern besser behalten als eine Liste mit abstrakten Wörtern?

4. Recodierprozesse beim Behalten von Sätzen

4.1 Satzverarbeitung als semantischer Integrationsvorgang

Lesen wir einer Vp einen Satz vor, der beispielsweise aus 12 Wörtern besteht, so kann sie unmittelbar danach mehr Wörter dieses Satzes wiederholen als von einer Liste mit 12 unverbundenen Wörtern. Es ist nach dem bisher Diskutierten naheliegend, diesen Unterschied auf die im Vergleich mit einer zufälligen Wortfolge leichtere Recodierbarkeit eines Satzes zurückzuführen. Wie bei kategorial ähnlichen Wörtern sollte es der Vp im Falle eines Satzes also leichter als bei unzusammenhängenden Wörtern fallen, zwischen den einzelnen Satzteilen semantische Relationen zu stiften. Diese Vermutung wird durch eine Untersuchung von Bower (1969) bestätigt, in der drei verschiedene Listen drei verschiedenen Gruppen von Vpn zum Behalten dargeboten wurden. Liste 1 enthielt 12 unverbundene, »kritische« Wörter und zusätzlich 12 Einheiten, die aus Drei-Wort-Phrasen der folgenden Art bestanden: *Gute alte Zeit, frohes Neues Jahr, viel zu tun* etc. Liste 2 enthielt dieselben kritischen Wörter wie Liste 1; anstelle der Drei-Wort-Phrasen wurden jedoch 12 Wortgruppen dargeboten, die aus je drei unverbundenen Wörtern bestanden. Auch Liste 3 enthielt dieselben kritischen Wörter wie die übrigen beiden Listen; die 12 zusätzlichen Einheiten bestanden hier jedoch aus je einem Wort, im Unterschied zu den beiden anderen Listen, bei denen die zusätzlichen Einheiten aus je drei Wörtern bestanden. Untersucht wurde, wie gut die bei allen drei Listen identischen kritischen Wörter unter den verschiedenen Bedingungen reproduziert werden konnten.
Ergebnis: Im Falle der Listen 1 und 3, bei denen die zusätzlich zu behaltenden Einheiten aus einer Satzphrase oder einem Wort bestanden, wurden die 12 kritischen Wörter gleich gut reproduziert. Dieselben Wörter wurden jedoch sehr viel schlechter behalten, wenn sie Bestandteil von Liste 2 waren, wenn also die zusätzlichen Einheiten aus 3 unverbundenen Wörtern bestanden.
Interpretation: Die Drei-Wort-Phrasen von Liste 1 konnten von den Vpn zu einer einzigen Gedächtniseinheit recodiert werden. Sie belasteten damit die Gedächtniskapazität nicht mehr als die 12 zusätzlichen Einheiten, die aus nur einem Wort bestanden. Dagegen mußte es die Gedächtniskapazität sehr viel mehr belasten, wenn die 12 Einheiten aus drei unverbundenen Wörtern bestanden: Gedächtnispsychologisch betrachtet handelte es sich hierbei nicht nur um 12 zusätzliche Einheiten, wie im Falle der Listen 1 und 3, sondern um zusätzliche 3 x 12 Einheiten. Von daher kann es nicht verwundern, daß die kritischen Wörter unter den Bedingungen von Liste 1 und 3 besser behalten wurden als unter den Bedingungen von Liste 2.

In derselben Weise sind auch die Befunde von Rosenberg (1968, 1969) zu erklären. Dieser ließ seine Vpn Sätze wie (1) und (2) behalten, die sich in dem Grad ihrer inhaltlichen oder semantischen Integrierbarkeit unterschieden — wir würden sagen: in dem Grad ihrer Recodierbarkeit.

(1) Gut integrierbarer Satz: Der Arzt, *der den Pförtner entließ*, heilte den Patienten.
(2) Schlecht integrierbarer Satz: Der Arzt, *der den Pförtner entließ*, erschreckte den Autor.

Bei beiden Satztypen waren also die eingebetteten »kritischen« Satzteile identisch. Dennoch wurden sie als Bestandteile eines semantisch gut integrierbaren Satzes wie (1) besser behalten als bei einem semantisch schlecht integrierbaren Satz wie (2). Interpretation: Der semantisch gut integrierbare Satzteil *Der Arzt heilte den Patienten* kann zu einer einzigen Gedächtniseinheit integriert werden, da die Wörter *Arzt, heilen* und *Patient* semantisch eng verbunden sind. Deshalb bleibt hier mehr Gedächtniskapazität für den kritischen Satzteil übrig als im Falle des schlecht integrierbaren Satzteils: *Der Arzt erschreckte den Autor,* der in Form mehrerer Einheiten gespeichert werden mußte.
Natürlich kann eine Vp auch einen semantisch schlecht integrierbaren Satz zu einer einzigen Gedächtniseinheit recodieren. Um dies zu gewährleisten, muß er allerdings häufiger oder länger dargeboten werden als ein semantisch gut integrierbarer Satz, wie unverbundene Wörter häufiger als kategorial ähnliche Wörter dargeboten werden müssen, um recodiert werden zu können. Anzunehmen ist deshalb, daß im Gefolge einer wiederholten Satzdarbietung eine Gedächtniseinheit sukzessive aufgebaut wird, und zwar in derselben Weise, wie dies Mandler & Dean (1969) für unzusammenhängende Wörter beschrieben haben (vgl. Kapitel 3.2).
Diese Annahme ist zutreffend, wie Untersuchungen von Ehrlich (1975) zeigen, die von Befunden ausgehen, die Martin, Roberts & Collins (1968) und Martin & Walter (1969) erbracht haben: Von einem Satz, dessen kurzfristiges Behalten durch eine interpolierte Zählaufgabe erschwert wird, sind das Subjekt, Verb und Objekt weniger störanfällig als Adjektive oder Adverbien. Ehrlichs Überlegungen: Diese Schlüsselwörter werden bei der erstmaligen Darbietung eines Satzes zu einer Gedächtniseinheit recodiert, die sukzessive um zusätzliche Wörter erweitert wird, wenn der Satz mehrfach dargeboten wird. Im Falle des Satzes (3) wird die Basiseinheit durch die Wörter *Löwe, zerfetzt* und *Kleid* gebildet und bei einer wiederholten Satzdarbietung um die Wörter *gereizt, Mädchen* und *vollständig* erweitert.

(3) Der gereizte *Löwe* hat das *Kleid* des Mädchens vollständig *zerfetzt.*

Ehrlich überprüfte diese Annahme, indem er den Vpn eine Liste mit 8 Sätzen insgesamt zehnmal darbot, und zwar sukzessive: Zunächst wurden nur die 3 Schlüsselwörter dargeboten, danach — bei späteren Satzdarbietungen — weitere Satzteile, und zwar entweder 1, 2 oder 4 zusätzliche Wörter pro Durchgang. Nach jedem Durchgang sollten die Vpn die behaltenen Wörter in beliebiger Reihenfolge aufschreiben. Ergebnis: Am schnellsten wurde ein Satz behalten, wenn pro Durchgang lediglich ein neues Wort dargeboten wurde. Unter diesen Umständen blieb die aus 3 Schlüsselwörtern gebildete Gedächtniseinheit intakt; sie wurde lediglich um das jeweils neue Wort erweitert. Anders dagegen, wenn pro Durchgang 2 oder gar 4 neue Wörter dargeboten wurden. Dies verlangsamte die Recodierung des Satzes beträchtlich, weil die aus den 3 Schlüsselwörtern gebildete Basiseinheit aufgebrochen und in Untereinheiten zerlegt werden mußte. Bemerkenswert ist schließlich, daß von allen Inhaltswörtern das Subjekt am besten behalten wurde. Denn dies deutet eine besondere Funktion dieses Satzteils an. Wie weiter unten gezeigt wird (Kapitel 4.4.1), fungiert das Subjekt bei der Satzverarbeitung häufig als Organisationskern.

4.2 Das Behalten konkreter und abstrakter Sätze

Konkrete Wörter können sehr viel leichter als abstrakte Wörter recodiert werden, weil sie zu Vorstellungen führen, die sich leicht zu einem einheitlichen Vorstellungsbild integrieren lassen (Kapitel 3.2.3). Dasselbe ist deshalb auch für Sätze zu erwarten, die sich aus konkreten Wörtern zusammensetzen. Auch diese sollten leichter recodiert werden können als Sätze mit abstrakten Wörtern, da sie eine leicht vorstellbare Situation beschreiben. Diese Annahme ist zutreffend, wie eine Untersuchung von Begg & Paivio (1969) zeigt, bei der konkrete Sätze wie (4a, b) und abstrakte Sätze wie (5) verwendet wurden.

(4a) Der dicke Junge tritt das zarte Mädchen.

(4b) Das dicke Mädchen tritt den zarten Jungen.

(5) Die willkürliche Bestimmung hatte eine Zivilklage zur Folge.

Um zwischen beiden Satzarten Behaltensunterschiede feststellen zu können, verwendeten die Autoren einen Rekognitionstest: Unmittelbar nach der Darbietung der Sätze erhielten die Vpn Testsätze, die gegenüber den Originalsätzen in unterschiedlicher Weise verändert worden waren. Bei einigen Testsätzen blieben die semantischen Relationen zwischen den Wörtern gegenüber den Originalsätzen unverändert; verändert wurde hier lediglich der Wortlaut, indem einzelne Wörter durch Synonyme, d. h. Wörter gleichen Inhalts, ersetzt wurden. In anderen Fällen blieb der Wortlaut der Testsätze gegenüber den Originalsätzen unverändert. Was sich jedoch änderte, waren die semantischen Relationen zwischen den einzelnen Wörtern, indem das Subjekt des Originalsatzes mit dem Objekt vertauscht wurde. Im Falle des Originalsatzes (4a) erhielt die Vp also den semantisch veränderten Testsatz (4b). Frage: Welche Änderungen wurden von den Vpn eher bemerkt? Antwort: Dies hing davon ab, ob es sich um einen konkreten oder einen abstrakten Satz handelte. Bei konkreten Sätzen war es die Subjekt-Objekt-Vertauschung, welche den Vpn auffiel, während die Änderungen des Wortlautes unbemerkt blieben. Bei abstrakten Sätzen war es dagegen genau umgekehrt; hier bemerkten die Vpn Änderungen des Wortlautes, während sie Subjekt-Objekt-Vertauschungen sehr viel seltener bemerkten. Die Autoren schließen aus diesem Befund, daß konkrete Sätze in Form von Vorstellungsbildern, also in anderer Weise gespeichert werden als abstrakte Sätze, von denen sie annehmen, daß sie in »linguistischer« Form gespeichert werden, nämlich als eine Abfolge einzelner Wörter. Dies würde bedeuten, daß konkrete und abstrakte Sätze in qualitativ unterschiedlicher Weise gespeichert werden und sich nicht nur in ihrer Recodierbarkeit voneinander unterscheiden. Denn sonst hätten die leichter recodierbaren, konkreten Sätze generell besser, d. h. vollständiger und genauer, gespeichert werden müssen als abstrakte Sätze.

Untersuchungen von Moeser (1974) zeigen, daß diese Erwartungen zutreffend sind und die anderslautenden Befunde von Begg & Paivio (1969) auf einem Artefakt beruhen. Danach werden bei konkreten Sätzen inhaltliche *und* formale Testsatzveränderungen mit größerer Wahrscheinlichkeit bemerkt als bei abstrakten Sätzen. Allerdings tendieren die Vpn bei konkreten Sätzen dazu, lediglich inhaltliche Veränderungen als Veränderungen anzugeben, es sei denn, sie werden ausdrücklich dazu aufgefordert, jede Art von Testsatzveränderung zu registrieren. Die von Begg & Paivio (1969) festgestellte Interaktion zwischen Satzart und Fehlerart beruht demnach auf einem Response-Set im Sinne einer Tendenz, bei formalen und inhaltlichen Satzveränderungen, die man bemerkt, die formalen für irrelevant zu halten. Dies läßt sich allerdings ebenfalls mit der auch von

Begg (1972, 1973) festgestellten besseren Recodierbarkeit von konkreten im Vergleich mit abstrakten Sätzen erklären: Hier gelingt es den Vpn leichter, zwischen den einzelnen Wörtern semantische Relationen herzustellen, so daß diese im Vergleich zu abstrakten Sätzen formal und inhaltlich besser behalten werden. Deshalb werden bei dieser Satzart nicht nur formale, sondern auch inhaltliche Testsatzveränderungen registriert und können entsprechend stärker gewichtet werden. Bei abstrakten Sätzen dagegen kann eine derartige Gewichtung nicht vorgenommen werden, da hierbei lediglich formale Testsatzveränderungen bemerkt werden. Denn bei dieser Satzart gelingt es den Vpn nur sehr schlecht, zwischen den einzelnen Wörtern semantische Relationen herzustellen, d. h. den Satzinhalt zu erfassen.

Die schlechtere Recodierbarkeit abstrakter Sätze im Vergleich zu konkreten zeigt sich auch an folgendem: In der Untersuchung von Begg & Paivio (1969) wurden die Sätze in einer konstanten Darbietungsrate dargeboten; bei Moeser (1974) konnten die Vpn die Darbietungszeit der einzelnen Sätze dagegen selbst bestimmen. Hier zeigte sich, daß abstrakte Sätze sehr viel länger inspiziert wurden als konkrete Sätze, obwohl sie zuvor als gleich verständlich eingestuft worden waren. Trotz dieser längeren Darbietungszeit wurden die abstrakten Sätze jedoch schlechter behalten als die konkreten Sätze. Dies zeigt erneut, daß zwischen der Dauer oder Häufigkeit, mit der sprachliches Material dargeboten wird, und dem Behalten kein direkter Zusammenhang besteht; entscheidend ist allein, inwieweit es den Vpn in dieser Zeit gelingt, die Wörter zu übergeordneten Gedächtniseinheiten zu recodieren. Und dies ist bei konkreten Sätzen offenbar in relativ kurzer Zeit möglich, während es bei abstrakten Sätzen auch bei einer längeren Darbietungszeit nur unvollständig gelingt.

Dies zeigt sich auch in einer Untersuchung von Holmes & Langford (1976). Hier bestand die Aufgabe der Vpn darin, bei einer Reihe konkreter und abstrakter Sätze möglichst schnell zu beurteilen, ob es sich um normale oder anormale Sätze handelt. Nachdem die Vpn die Sätze beurteilt hatten, wurde deren Behalten überprüft. Ergebnis: Konkrete Sätze wurden schneller verarbeitet, d. h. ihre Normalität schneller beurteilt als diejenige abstrakter Sätze. Dennoch wurden konkrete Sätze besser behalten, d. h. vollständiger reproduziert, als abstrakte Sätze.

Neuere Untersuchungen von Moeser (1975) zeigen, daß dies als ein relationaler Effekt zu interpretieren ist. Hier wurde das Behalten konkreter und abstrakter Sätze auf zwei verschiedene Weisen überprüft: Im Anschluß an die Satzdarbietung wurde ein Teil der Vpn einem Rekognitionstest unterzogen, der das Behalten *einzelner* Wörter betraf. Die Vpn erhielten eine Testliste mit Wörtern, von denen einige in den Sätzen enthalten waren und von den Vpn herausgesucht werden sollten. Ergebnis: Wörter konkreter und abstrakter Sätze wurden gleich gut wiedererkannt, sofern die Testwörter in einer schnellen Darbietungsrate dargeboten wurden. (Die schnelle Darbietungsrate hinderte die Vpn daran, sich jeweils den gesamten Satz ins Gedächtnis zu rufen und erst danach ein Rekognitionsurteil abzugeben. Entsprechend konnte die bessere Recodierbarkeit konkreter Sätze unter diesen Umständen nicht in Erscheinung treten.)

Auf der Ebene einzelner Wörter zeigte sich zwischen konkreten und abstrakten Sätzen also kein Behaltensunterschied, wohl aber auf der Ebene der Satzorganisation. Dies zeigten die Behaltensleistungen von Vpn, die folgende Aufgabe zu erfüllen hatten: Im Anschluß an die Satzdarbietung erhielten sie alle Wörter der zuvor dargebotenen Sätze mit der Aufforderung, diejenigen Wörter zu einem

Satz zusammenzufügen, die zuvor in *einem* Satz dargeboten worden waren. Bei dieser Aufgabe wurde also nicht das Behalten von Wörtern, sondern von Wort*relationen* überprüft. Ergebnis: Bei Wörtern von konkreten Sätzen gelang es den Vpn sehr viel besser, die entsprechenden Satzrelationen zu rekonstruieren als bei Wörtern von abstrakten Sätzen. Dies zeigt in aller Deutlichkeit, daß der Behaltensunterschied zwischen konkreten und abstrakten Sätzen als ein relationaler Effekt zu interpretieren ist: Bei konkreten Sätzen fällt es leichter, die einzelnen Wörter zu einer Gedächtniseinheit zu integrieren. Entsprechend werden diese Sätze besser, d. h. genauer und vollständiger behalten als abstrakte Sätze.

Hinweise dafür liefert schließlich auch eine Untersuchung von Sacks & Eysenck (1977), wenngleich die Autoren ihre Befunde anders interpretieren. Erinnern wir uns dazu an Untersuchungen zum Behalten von kategorial ähnlichen Wörtern, die uns vermuten ließen, daß bei Recodierprozessen dieser Art konvergente Denkoperationen im Sinne Guilfords (1964) eine wichtige Rolle spielen (vgl. Kapitel 3.2.2): Die Vp ist gehalten, anhand einzelner Wörter einen bestimmten Oberbegriff zu finden. Im Falle von Sätzen bestehen die konvergenten Operationen darin, die einzelnen Satzteile in spezifischer Weise miteinander zu verbinden. Wenn sich aber konkrete und abstrakte Sätze gerade in dieser Hinsicht voneinander unterscheiden, sollten sich Unterschiede zwischen beiden Satzarten vor allem bei konvergenten, auf den Zusammenhang der einzelnen Wörter ausgerichteten Denkoperationen zeigen, weniger dagegen bei divergenten Operationen. Diese Annahme wird durch die Befunde der Autoren eindeutig bestätigt: Mit Hilfe eines Testverfahrens erfaßten sie die von den Vpn präferierten Denkoperationen und unterteilten sie entsprechend in »Convergers« und »Divergers«. Beide Gruppen erhielten sodann konkrete und abstrakte Sätze dargeboten, deren Behalten mit Hilfe eines Rekognitionstests überprüft wurde. Hierbei mußte der Originalsatz von drei anderen Sätzen unterschieden werden, welche dieselben Inhaltswörter enthielten wie der Originalsatz, bei denen jedoch die semantischen *Relationen* zwischen den einzelnen Wörtern verändert worden waren. Ergebnis: Die »Convergers« erkannten die konkreten Sätze besser wieder als die abstrakten Sätze, während die »Divergers« bei beiden Satzarten dieselben Rekognitionsleistungen zeigten. »Divergers« behielten die Relationen zwischen den Wörtern konkreter und abstrakter Sätze also gleich gut bzw. schlecht.

4.3 Zur Organisationsfunktion der Syntax

Wörter oder Sätze werden nach den bisher diskutierten Untersuchungen behalten, indem der Rezipient zwischen den einzelnen Wörtern semantische Relationen herzustellen versucht. Dies kann durch die Eigenart der verwendeten Wörter erleichtert oder erschwert werden: Bei konkreten oder inhaltlich zusammenhängenden Wörtern gelingt dies leichter als bei abstrakten oder inhaltlich unzusammenhängenden Wörtern. Das Erkennen semantischer Zusammenhänge kann bei kategorial ähnlichen Wörtern darüber hinaus durch ihre Anordnung auf der zu behaltenden Liste beeinflußt werden: Sofern die inhaltlich zusammengehörigen Wörter benachbarte Listenpositionen einnehmen, werden sie eher zu einer Einheit recodiert als im Falle einer ungeordneten Listendarbietung, bei der sie weit auseinanderliegende Listenpositionen einnehmen. Hier kann der Rezipient die Ähnlichkeitsrelationen erst bei einer längeren oder wiederholten Listendarbietung erkennen. Dieselbe Funktion, die im Falle kategorial ähnlicher Wörter die Position

ausübt, kann im Falle von Sätzen die Syntax übernehmen: Sie kennzeichnet mehr oder weniger deutlich, welche Wörter eines Satzes in welcher Weise inhaltlich miteinander in Beziehung zu setzen sind.
Dies zeigt eine Untersuchung von Fodor & Garrett (1967). Die Autoren überprüften die Güte der Verarbeitung eines Satzes dadurch, daß sie die Vpn den Satzinhalt in eigenen Worten wiedergeben ließen (Paraphrasierungsaufgabe). Ein und derselbe Satz wurde entweder mit oder ohne Relativpronomen dargeboten. Denn bekanntlich kann in der englischen Sprache das Relativpronomen in bestimmten Fällen fehlen, wie das Beispiel (6) zeigt.

(6a) The man whom the dog bit died. (Der Mann, den der Hund gebissen hatte, starb.)

(6b) The man the dog bit died.

Ergebnis: Wurden Sätze ohne Relativpronomen dargeboten, traten häufiger Paraphrasierungsfehler auf als in den Fällen, in denen sie mit einem Relativpronomen dargeboten wurden. Hier wurden die semantischen Relationen zwischen den einzelnen Wörtern in der Regel richtig wiedergegeben. Interpretation: Das Relativpronomen macht dem Rezipienten im Falle von (6a) deutlich, daß zwischen *Mann* und *Hund* eine semantische Relation besteht, die er erst mühsam erschließen muß, wenn der Satz ohne Relativpronomen dargeboten wird. Durch eine derartige Pronominalisierung fällt es der Vp demzufolge leichter, die verschiedenen Satzteile zu einer semantischen Gedächtniseinheit zu recodieren.
Dies zeigen auch Untersuchungen von Lesgold (1972). Hier erhielten die Vpn Sätze der folgenden Art zum Behalten dargeboten:

(7a) The aunt ate the pie and she was senile.
(Die Tante aß die Obsttorte, und sie war senil.)

(7b) The aunt ate the pie and Alice was senile.
(Die Tante aß die Obsttorte, und Alice war senil.)

Im Falle von (7a) beziehen sich die beiden Teilsätze auf dasselbe Subjekt, im Falle von (7b) dagegen auf zwei verschiedene Subjekte. Das Behalten der Sätze wurde dadurch überprüft, daß die Vpn das Subjekt, Verb, Adjektiv oder Objekt als Reproduktionshilfe erhielten und den dazugehörigen Satz reproduzieren sollten. Ergebnis: Sätze vom Typ (7a) wurden unter allen Cue-Bedingungen besser reproduziert als Sätze vom Typ (7b), in denen zwei verschiedene Subjekte verwendet wurden. Dies ist darauf zurückzuführen, daß die pronominal verketteten Teilsätze zu *einer* Gedächtniseinheit recodiert wurden, wie eine Auswertung zeigt, bei der folgendes ausgezählt wurde:

1. Wie häufig haben die Vpn Wörter reproduziert, die demselben Teilsatz angehörten wie das als Reproduktionshilfe vorgegebene Wort.
2. Wie häufig haben sie Wörter reproduziert, die einem Teilsatz angehörten, dem das als Reproduktionshilfe vorgegebene Wort *nicht* angehörte.

Grundgedanke dieser Auswertung: Wenn ein Satz zu einer einzigen Gedächtniseinheit recodiert worden ist, sollten die Vpn auf das vorgegebene Wort annähernd gleich häufig mit einem Wort des dazugehörigen oder des nicht dazugehörigen Teilsatzes reagieren. Anders dagegen in den Fällen, in denen die zwei Teilsätze in Form getrennter Gedächtniseinheiten gespeichert worden sind; hier sollten die Vpn häufiger Wörter reproduzieren, welche demselben Teilsatz angehören wie der Retrieval-Cue, und seltener Wörter des jeweils anderen Teilsatzes. Diese Erwartungen wurden durch die Befunde der Autoren voll bestätigt.

Entsprechend ist anzunehmen, daß der Rezipient durch die Verwendung von Pronomen dazu veranlaßt werden kann, verschiedene Satzteile zu einer semantischen Gedächtniseinheit zu recodieren. Dies ist deshalb so, weil ein Pronomen, welches anstelle eines zuvor aufgetretenen Substantivs verwendet wird, eine sogenannte Koreferenz (Dressler 1972) bewirkt: Der Rezipient bezieht beide Satzteile auf denselben Referenten (vgl. Kapitel 5.3.1). Eine ähnlich integrative Funktion können auch Konjunktionen übernehmen, wie Lesgold (1971, zitiert nach Lesgold 1972) zeigen konnte.

Die zusammenhangstiftende Funktion der Syntax zeigt sich darüber hinaus auch in den bekannten Untersuchungen von Johnson (1965), auf die hier nur kursorisch eingegangen werden soll (siehe dazu ausführlicher Hörmann 1967, Engelkamp 1973). Johnson ging von der Frage aus, ob die bei der Satzverarbeitung ablaufenden Recodierprozesse durch die syntaktische Struktur der Sätze gesteuert werden. Grundgedanke seines Vorgehens: Wenn dies so ist, sollten Gedächtniseinheiten, die bei der Reproduktion der Sätze zutagetreten, mit der syntaktischen Struktur dieser Sätze übereinstimmen. Als Maß für diese Gedächtniseinheiten verwendete Johnson sogenannte Übergangsfehler-Wahrscheinlichkeiten (Transibility Error Probability, abgekürzt TEP): Berechnet wurde, wie groß die Wahrscheinlichkeit ist, daß ein Wort, welches in dem betreffenden Satz einem anderen Wort unmittelbar nachfolgt, fehlerhaft oder nicht reproduziert wurde, wenn dieses vorangehende Wort richtig reproduziert worden ist. Dies geschah aufgrund folgender Überlegungen: Sofern eine Vp mehrere Wörter zu einer Gedächtniseinheit recodiert hat, kann man erwarten, daß sie mehrere Wörter dieser Einheit reproduziert, sofern sie diese Einheit überhaupt reproduzieren kann (Alles-oder-nichts-Charakter von Recodierprozessen; vgl. die Kap. 2 und 3.1). Dagegen folgt daraus nicht, daß sie damit auch die Wörter einer anderen Einheit reproduzieren kann. Sofern eine Vp allerdings auch von dieser zweiten Einheit das erste Wort reproduzieren kann, ist die Wahrscheinlichkeit groß, daß ihr noch weitere Wörter dieser Einheit einfallen. Die Übergangswahrscheinlichkeiten zwischen den Wörtern *einer* Einheit sind also größer als diejenigen zwischen Wörtern aus *verschiedenen* Einheiten. Im Hinblick auf einen Satz läßt dies erwarten, daß zwischen Wörtern, die eine syntaktische Einheit bilden, höhere Übergangswahrscheinlichkeiten bestehen als zwischen Wörtern verschiedener Einheiten, sofern die Bildung von Gedächtniseinheiten durch die syntaktische Struktur des Satzes gesteuert wird. Aus denselben Gründen ist zu erwarten, daß Reproduktionsfehler vor allem beim Übergang von einer syntaktischen Einheit zur anderen auftreten, dann also, wenn eine Vp das letzte Wort einer vorangehenden Einheit richtig erinnert hat, und nun versucht, das erste Wort der nächsten Einheit zu reproduzieren. Im Falle des Beispielsatzes (8) sind diese Übergänge durch Gedankenstriche gekennzeichnet.

(8) The house — across the street — is burning.
(Das Haus — auf der gegenüberliegenden Straßenseite — brennt.)

Diese Erwartungen wurden durch die Ergebnisse Johnsons weitgehend bestätigt. Im Falle des Beispielsatzes (8) zeigten sich Reproduktionsfehler also mit einer höheren Wahrscheinlichkeit bei den Wörtern *the, across* und *is.* Wurden diese Wörter jedoch richtig reproduziert, war die Wahrscheinlichkeit gering, daß die diesen Anfangswörtern nachfolgenden Wörter *house, the street* und *burning* falsch reproduziert wurden. Die TEP-Struktur entsprach damit weitgehend der syntaktischen Struktur eines Satzes. Entsprechend ist anzunehmen, daß die Recodierung dieser Sätze durch ihre syntaktische Struktur gesteuert wurde.

Allerdings gilt dies nur dann, wenn die syntaktische Struktur den semantischen Relationen entspricht, die zwischen den Wörtern des Satzes bestehen. Im Falle einer diesbezüglichen Inkongruenz richtet sich die Recodierung nach den inhaltlichen Beziehungen der Wörter und nicht nach ihren syntaktischen Beziehungen, wie Untersuchungen von Rosenberg (1968, 1969) und Engelkamp (1973) zeigen. So bot Engelkamp seinen Vpn Sätze der folgenden Art zum Behalten dar:

(9a) Der Fischer — mit der Brille — stoppte die Zeit.

(9b) Der Fischer —mit der Angel — stoppte die Zeit.

(9c) Der Fischer — mit der Uhr — stoppte die Zeit.

Bei der Reproduktion von Satz (9a) entsprachen die TEPs cum grano salis dem nach Johnson (1965) zu erwartenden Muster: Zwischen den Wortgruppen *Der Fischer — mit der Brille* wie zwischen den Gruppen *mit der Brille — stoppte die Zeit* — waren die TEPs besonders hoch; hier reproduzierten die Vpn das erste Wort einer Einheit also auch dann zumeist falsch, wenn sie das letzte Wort der vorangehenden Gruppe richtig reproduziert hatten. Dies änderte sich im Falle von (9b) und (9c) jedoch grundlegend. Hier waren die TEPs bei (9b) zwischen den Phrasen *Der Fischer — mit der Angel* und bei (9c) zwischen Phrasen *mit der Uhr — stoppte die Zeit* sehr gering. Dies läßt darauf schließen, daß *der Fischer mit der Brille* zwei verschiedene Gedächtniseinheiten bildete; der Satzteil *der Fischer mit der Angel* dagegen nur eine Einheit, da *Fischer* und *Angel* inhaltlich eng zusammengehören. Dasselbe ist auch für den Satzteil *mit der Uhr — stoppte die Zeit* anzunehmen, der, im Unterschied zu dem Satzteil *mit der Brille — stoppte die Zeit*, ebenfalls eine Einheit bildet.

Welche Wörter eines Satzes zu einer Gedächtniseinheit recodiert werden und welche nicht, wird also durch die semantischen Relationen bestimmt, die eine Vp zwischen den einzelnen Wörtern herstellt. Hierbei kann die Syntax eine Hilfe bedeuten, sofern sie nicht der semantischen Satzstruktur zuwiderläuft. Die Funktion der Syntax ist dann erfüllt, wenn es der Vp gelungen ist, diese semantischen Relationen herzustellen: Nach Untersuchungen von Sachs (1967, 1974) wird die syntaktische Struktur eines Satzes weniger gut behalten als seine semantische Struktur, es sei denn, die Vp wird durch die Aufgabenstellung dazu veranlaßt, vor allem auf die Syntax zu achten (Graesser & Mandler 1975).

Hinweise dafür, daß die Syntax eine Art »Hilfsfunktion« für die semantische Recodierung eines Satzes ausübt, zeigen sich darüber hinaus auch daran, daß Sätze häufig nicht wörtlich, sondern nur sinngemäß reproduziert werden; die Vpn tendieren dazu, das Wesentliche zu reproduzieren und das Unwesentliche fortzulassen (Fillenbaum 1966). Zu diesem Unwesentlichen aber gehört offensichtlich die syntaktische Satzstruktur: File & Jew (1973) beispielsweise stellen fest, daß Flugpassagiere die entsprechenden Verhaltensinstruktionen in Form aktiver, affirmativer Sätze reproduzierten, obwohl die Aussage in den Originalsätzen in passiver und negativer Weise formuliert worden war. Ein ähnlich schlechtes Behalten syntaktischer Informationen zeigte sich auch in einer Untersuchung von Layton & Simpson (1975), freilich nur dann, wenn die Gedächtniskapazität der Vpn stärker belastet wurde, d. h. mehr als zwei Sätze behalten werden sollten.

Honeck (1973) stellte fest, daß Sätze als sehr ähnlich beurteilt werden, wenn sie sich lediglich durch eine syntaktische Transformation voneinander unterschieden, sofern dies die Satzbedeutung unverändert ließ: Die Ähnlichkeit von Sätzen, die in der einen Version als Aktiv-, in der anderen Version als Passivsätze formuliert waren, wurde höher eingestuft als die Ähnlichkeit von Sätzen, die sich durch eine Synonym-Substitution unterschieden. Dagegen verringerten Veränderungen, welche die semantischen Relationen der Wörter eines Satzes betrafen, das Ähnlichkeitsurteil auch dann beträchtlich, wenn der Satz dieselben Wörter enthielt wie der entsprechende Vergleichssatz.

Dies macht auch Befunde von Just & Carpenter (1976) verständlich, wonach ein negativ formulierter Satz wie (10a) während seiner Darbietung häufig in eine leichtere, d. h. kürzere Version (10b) transformiert wird.

(10a) Es ist wahr, daß Feuer nicht kalt ist.

(10b) Es ist wahr, daß Feuer heiß ist.

Davon zu unterscheiden sind freilich Negationsformen, die sich nicht ohne weiteres in eine Affirmation transformieren lassen, da sie eine spezifische semantische Bedeutung besitzen. In diesen Fällen wird die Art der Negation sehr genau behalten, wie Untersuchungen von Hörmann (1971) und Engelkamp & Hörmann (1974) zeigen.

Allerdings gibt es darüber hinaus auch Hinweise dafür, daß *jede* syntaktische Transformation das Behalten belastet, was der zuvor getroffenen Feststellung zuwiderläuft, daß die Syntax lediglich im Dienste der Semantik steht. Hierzu gehören etwa die Ergebnisse der bekannten Arbeit von Savin & Perchonock (1965): Die Autoren konnten zeigen, daß die Kapazität des Kurzzeitgedächtnisses um so stärker belastet wird, je mehr Transformationen ein Aktivsatz durchlaufen hat. Ein negativer Passivsatz wurde demzufolge schlechter behalten als ein affirmativer Aktivsatz. Matthews (1968) konnte jedoch zeigen, daß dieser Befund nicht eindeutig interpretierbar ist, da die Autoren mit der Zahl der Transformationen zugleich die Satzlänge variiert hatten. Allerdings hatten wir angenommen, daß die bei der Satzverarbeitung ablaufenden Recodierprozesse semantischer Natur sind. Entsprechend sollten Funktionswörter wie Artikel, Pronomen oder Konjunktionen, die zwar Bedeutung vermitteln, selbst jedoch keine Bedeutung besitzen, die Satzverarbeitung weniger belasten als Inhaltswörter. Denn diese Inhaltswörter sind es, welche die Vp zu einer semantischen Einheit recodiert.

Daß diese Vermutung zutreffend ist, zeigt eine Untersuchung von Sentis & Klatzky (1976), die in derselben Weise wie Savin & Perchonock (1965) vorgingen: Von den Variablen: Anzahl der Transformationen, Anzahl der Wörter (Satzlänge) und Anzahl der Inhaltswörter bestimmte allein die Zahl der Inhaltswörter das Behalten. Interpretation: Je mehr Inhaltswörter ein Satz umfaßt, desto mehr Wörter muß die Vp zu einer Gedächtniseinheit recodieren. Ab einer bestimmten Wortzahl kann dies nur sequentiell erfolgen (vgl. Kapitel 4.1). Entsprechend wird ein längerer Satz bei einer einmaligen Darbietung nur unvollständig recodiert und deshalb mit der Zunahme der Satzlänge zunehmend schlechter behalten.

Zugleich spricht diese Untersuchung ebenso wie diejenige von Just & Carpenter (1976) dafür, syntaktische Abweichungen, die reproduzierte Sätze gegenüber den Originalsätzen aufweisen, als ein Encodier-Phänomen zu betrachten: Die Vp recodiert die Inhaltswörter eines Satzes gemäß ihrer semantischen Zusammengehörigkeit. Zwar übernimmt die Syntax hierbei eine Art Steuerungsfunktion, doch wird sie in der Regel nur unvollständig gespeichert. Entsprechend wird durch die Syntax Speicherkapazität kaum belastet, es sei denn, die Vp hat nur wenig zu behalten oder wird ausdrücklich dazu aufgefordert, auf die syntaktische Struktur zu achten. Zum Zeitpunkt der Reproduktion stehen den Vpn deshalb nur noch ungenaue syntaktische Informationen zur Verfügung, so daß sie die Sätze in der einfachen — und üblichen — Standardform reproduzieren, nämlich als aktive, affirmative Standardsätze (siehe dazu auch Mac Kay 1973).

Eine an der Theorie von Craik & Lockhart (1972) orientierte Alternativerklärung besteht in der Annahme, daß syntaktische ebenso wie semantische Satzinformationen verarbeitet werden, jedoch als »formale Merkmale« einem schnelleren Vergessensprozeß unterliegen als semantische Satzinformationen. Eine derartige Interpretation legen etwa die Untersuchungen von Sachs (1967, 1974) nahe. Gegen diese Annahme sprechen jedoch die schon zitierte Untersuchung von Graesser & Mandler (1975) sowie Untersuchungen, die weiter unten behandelt werden (vgl. Kapitel 5.3.2). Deshalb ist anzunehmen, daß syntaktische Satzinformationen nur so weit analysiert werden, wie dies notwendig ist, damit der Rezipient die semantischen Relationen zwischen den Inhaltswörtern herstellen kann. Die dazu notwendige — und mit der normalen Lesezeit übereinstimmende — Expositionszeit beträgt nach Untersuchungen von Pfafflin (1974) 250 msec: Solange muß eine syntaktisch strukturierte, aus 8 Wörtern bestehende Sequenz dargeboten werden, damit die syntaktischen Informationen zur Herstellung semantischer Relationen benutzt werden können. Wird eine derartige Sequenz für eine kürzere Zeit dargeboten, unterscheiden sich die diesbezüglichen Behaltensleistungen nicht von denjenigen einer in zufälliger Abfolge dargebotenen Wortsequenz, die keine syntaktischen Informationen enthält.

4.4 Die Wahl des Organisationskerns bei der Satzverarbeitung

4.4.1 Zur Rolle des Subjekts

Die bislang zur Verarbeitung von Wörtern und Sätzen diskutierten Untersuchungen erbrachten folgende Übereinstimmungen: Wörter oder Sätze werden behalten, indem der Rezipient einzelne Wörter zu einer semantischen Gedächtniseinheit recodiert. Dies geschieht bei Wortlisten mit Hilfe von Organisationskernen, deren Funktion im Falle kategorial ähnlicher Wörter durch Oberbegriffe übernommen wird, im Falle unverbundener Wörter durch Wörter, welche nach subjektiven Gesichtspunkten ausgewählt werden. Die besondere Funktion dieser Wörter zeigte sich an folgendem:

1. Sie wurden häufiger als andere Listenwörter reproduziert.
2. Ihre Reproduktion war eine Voraussetzung dafür, daß auch die übrigen Wörter reproduziert werden konnten, die mit ihrer Hilfe zu einer Gedächtniseinheit recodiert worden waren. Demzufolge bestand eine besonders effektive Reproduktionshilfe darin, diese Wörter als Retrieval-Cues darzubieten.

Wenn deshalb die Recodierung eines Satzes ebenfalls mit Hilfe eines Organisationskerns vollzogen wird, sollte der betreffende Satzteil daran zu erkennen sein, daß er bei der Reproduktion eine bevorzugte Stellung einnimmt. Er sollte also mit größerer Wahrscheinlichkeit reproduziert werden als andere Satzteile, und sich als ein besonders guter Retrieval-Cue erweisen.
Untersuchungen zeigen, daß dies vor allem für das Satz-Subjekt gilt. Clark (1966) beispielsweise stellte fest, daß bei der Reproduktion von Sätzen wie (11) die Reproduktionswahrscheinlichkeiten für die Inhaltswörter der Sätze in folgender Reihenfolge abnahmen: Am besten wurde das Subjekt reproduziert, gefolgt vom Objekt, Adjektiv und Verb.

(11) Der kleine Junge spielt Ball.

Dasselbe gilt für die Wahrnehmung von Sätzen unter weißem Rauschen (Hörmann & Lazarus 1976): Die Wahrscheinlichkeit einer richtigen Identifikation ist für das Subjekt am größten, für das Verb am geringsten. Dies kann nicht allein als Ausdruck eines seriellen Positionseffekts in dem Sinne gewertet werden, daß das Subjekt am besten behalten wird, weil es am Satzanfang steht. Denn in Satz (11) steht das Adjektiv noch vor dem Subjekt und wird dennoch schlechter behalten als jenes. Und auch Clarks (1965, 1966) Feststellung, daß das Subjekt weniger informationshaltig ist, weil es bei vorgegebenem Satzrahmen leichter zu erraten ist als das Objekt oder Verb, reicht zu einer Erklärung dieses Sachverhalts nicht aus. Vielmehr ist anzunehmen, daß es sich bei der bevorzugten Reproduktion des Subjekts um einen relationalen Effekt handelt. Dies zeigen Untersuchungen von Blumenthal & Boakes (1967), die ihren Vpn Sätze der folgenden Art zum Behalten darboten:

(12) John is eager to please. (John ist begierig zu gefallen.)

(13) John is easy to please. (Es ist leicht, John zu gefallen.)

Zur Reproduktion der Sätze erhielten die Vpn jeweils das erste Wort als Retrieval-Cue vorgegeben, im Falle der Sätze (12) und (13) also das Wort *John*. Ergebnis: In der Rolle eines Subjekts (Satz 12) verbesserte der Cue die Behaltensleistung stärker als in der Rolle eines Objekts (Satz 13). Entsprechend ist anzunehmen, daß das Subjekt die Funktion eines Organisationskerns übernimmt, mit dessen Hilfe ein Satz zu einer Gedächtniseinheit recodiert wird.

Dasselbe zeigt eine weitere Untersuchung von Blumenthal (1967), bei der Passiv- statt Aktivsätze verwendet wurden. Hierbei kann man mit Chomsky (1965) zwischen einem grammatischen Subjekt unterscheiden, welches im Nominativ steht, und einem logischen Subjekt, welches bei Aktivsätzen ebenfalls im Nominativ, bei Passivsätzen jedoch im Dativ steht. Dasselbe gilt für das Objekt: Auch hier ist zwischen dem grammatischen Objekt zu unterscheiden, welches bei Aktivsätzen ebenfalls im Dativ, bei Passivsätzen jedoch im Nominativ steht. Engelkamp (1974) konnte allerdings zeigen, daß die Begriffe »logisches Subjekt« und »logisches Objekt« keinen syntaktischen, sondern einen semantischen Sachverhalt kennzeichnen. Denn sie verweisen auf semantische Funktionen der Referenten, die durch die entsprechenden Substantive bezeichnet werden.

Deshalb wird das logische Subjekt häufig als Agent einer Handlung bezeichnet, die einen Rezipienten (logisches Objekt) betrifft. Blumenthal verwendete in ihrer Untersuchung zwei Arten von Passivsätzen:

(14) Gloves were made by tailors. (Die Handschuhe wurden von Schneidern hergestellt).

(15) Gloves were made by hand. (Die Handschuhe wurden mit der Hand hergestellt.)

Auch hier erhielten die Vpn im Anschluß an die Darbietung der Sätze ein Substantiv als Reproduktionshilfe vorgegeben. Entweder handelte es sich dabei um das erste Wort, welches in allen Fällen die Funktion des logischen Objekts, aber grammatischen Subjekts innehatte, oder um das letzte Wort, welches bei beiden Satztypen eine unterschiedliche Funktion erfüllte: Bei Sätzen wie (14) entsprach es dem logischen Subjekt, bei Sätzen wie (15) dagegen dem Adverb. Ergebnis: Während die Vorgabe des ersten Substantivs bei beiden Satzarten zu gleich guten Reproduktionsleistungen führte, unterschied sich die Retrieval-Wirkung des letzten Substantivs je nach der Art des Satzes beträchtlich: War es mit dem logischen Subjekt identisch, führte dies zu erheblich besseren Reproduktionsleistungen als in den Fällen, in denen es die Funktion eines Adverbs erfüllte. Bemerkenswert ist darüber hinaus ein Ergebnis, welches bei dieser häufig zitierten Arbeit zumeist unerwähnt bleibt: Bei Passivsätzen war das grammatische Subjekt (logisches

Objekt) ein ebenso guter Cue wie das grammatische Objekt (logisches Subjekt). Dies legt folgende Vermutung nahe: In der Regel ist es das grammatische Subjekt, mit dessen Hilfe die Wörter zu einer Gedächtniseinheit recodiert werden. Allerdings können semantische Faktoren dazu führen, daß der Rezipient ein anderes Wort als Organisationskern verwendet. Denn Blumenthals Befunde können so interpretiert werden, daß ein Teil ihrer Vpn das grammatische, ein anderer Teil das logische Subjekt als Organisationskern gewählt haben. Dies würde bedeuten, daß eine Vp bei Passivsätzen, in denen das logische nicht mit dem grammatischen Subjekt übereinstimmt, vor einem Konflikt steht: Durch die Syntax wird sie dazu veranlaßt, das grammatische Subjekt als Organisationskern zu wählen, während sich aus semantischen Gründen das logische Subjekt dafür anbietet, obwohl es syntaktisch als Objekt fungiert: Es repräsentiert den »Agenten« (Fillmore 1968) einer Handlung oder Aktion und ist deshalb dem logischen Objekt als dem Rezipienten der Aktion vorgeordnet. Dies macht auch den Widerspruch verständlich, der zwischen den Ergebnissen neuerer Untersuchungen besteht, die zu diesem Problem vorliegen.

So erhielten die Vpn in einer Untersuchung von Kennedy (1973a) Passivsätze dargeboten, deren Behalten mit Hilfe von Testwörtern überprüft wurde. Hierbei handelte es sich um Synonyme des grammatischen Subjekts (logisches Objekt) oder grammatischen Objekts (logisches Subjekt). In anderen Fällen waren die Testwörter mit diesen Satzteilen nicht bedeutungsgleich, jedoch inhaltlich verbunden. Die Vpn sollten feststellen, welche Testwörter in den Sätzen enthalten waren und welche nicht. Ergebnis: Diese Entscheidung fiel bei Testwörtern, welche sich auf das grammatische Subjekt bezogen, sehr viel schneller als bei Objektbezogenen Testwörtern. Entsprechend kann man annehmen, daß das grammatische Subjekt als der wichtigere Satzteil auch dann genauer als das grammatische Objekt verarbeitet wird, wenn es mit dem logischen Objekt identisch ist.

Holmes & Watson (1976) verwendeten verschiedene Aktiv- und Passivsätze nach Art von (16 bis 18).

(16) The boys were walking in the rain. (Die Jungen wanderten im Regen.)
(17) Her piano was played at the party. (Ihr Klavier wurde auf der Party gespielt.)
(18) His dog was kicked by the horse. (Sein Hund wurde von dem Pferd getreten.)

Theoretischer Hintergrund dieser Variationen: Bei einem Satz wie (16) ist das grammatische mit dem logischen Subjekt identisch, im Unterschied zu den Passivsätzen (17) und (18), bei denen das grammatische Subjekt mit dem logischen Objekt identisch ist. Diese Passivsätze unterscheiden sich jedoch dadurch, daß bei (17) das logische Subjekt fehlt, im Unterschied zu (18), bei dem diese Funktion durch das Wort *horse* erfüllt wird.

In Experiment 1 erhielten die Vpn derartige Sätze wortweise in einer sehr schnellen Darbietungsrate dargeboten. Bei der anschließenden Reproduktion wurde die Anzahl der Wörter gemessen, die von einem Satz in der richtigen Reihenfolge reproduziert werden konnten. In einem zweiten Experiment wurde jeder Satz auf einmal dargeboten. Hier sollten die Vpn entscheiden, ob der Satz grammatisch richtig oder falsch war, wobei die dazu notwendige Entscheidungszeit gemessen wurde. Ergebnis: Aktivsätze wie (16) wurden schneller und besser verarbeitet als Passivsätze der Form (17) und (18). Zwischen beiden Passivarten zeigte sich jedoch kein Unterschied. Dies wäre unter der Annahme zu erwarten, daß üblicherweise das logische Subjekt zum Organisationskern eines Satzes gewählt wird. Diese Ansicht ist jedoch nicht aufrechtzuerhalten. Denn obwohl bei einem Satz wie (17) das logische Subjekt ungenannt blieb, wurde dieser ebenso gut behalten wie ein Satz nach Art von (18), der ein logisches Subjekt enthielt.

Deuten diese Befunde auf eine bevorzugte Verarbeitung des *grammatischen* Subjekts hin, so stehen ihnen andere Untersuchungsergebnisse entgegen, die auf eine bevorzugte Verarbeitung des *logischen* Subjekts hinweisen: Posnansky & Rayner (1976) stellten fest, daß semantische Veränderungen am logischen Subjekt zuverlässiger entdeckt wurden als Veränderungen am logischen Objekt oder Verb, und zwar bei Aktiv- wie Passivsätzen.

Diese Feststellung steht allerdings im Gegensatz zu den Schlußfolgerungen, die Reynolds & Flagg (1976) aus den Ergebnissen ihrer Experimente gezogen haben: Danach werden Synonym-Substitutionen bei Verben schlechter erkannt als bei Substantiven, und zwar sowohl bei konkreten als auch bei abstrakten Sätzen. Dies nehmen die Autoren als Indiz dafür, daß das Verb als der wichtigere Teil eines Satzes eine im Sinne Craik & Lockharts (1972) intensivere semantische Analyse erfährt als seine Substantive, weil Substantive die unwichtigeren Satzteile repräsentieren. Sie sehen damit propositionstheoretische Ansätze (vgl. Kap. 5) bestätigt, die erwarten lassen, daß das Verb bei der Recodierung eines Satzes als Organisationskern verwendet wird. Diese Interpretation ihrer Befunde ist jedoch aus drei Gründen unhaltbar:

1. Um Synonymsubstitutionen entdecken zu können, genügt keine »oberflächliche« Analyse, sondern im Gegenteil: dies bedarf einer besonders differenzierten Analyse, die im Falle der Verben offensichtlich in geringerem Ausmaß vollzogen wird als bei Substantiven.

2. Sprachliches Material, welches gut behalten wird, wird sowohl sinngemäß als auch wörtlich besser behalten als schlecht zu behaltendes Sprachmaterial. Dies zeigen Untersuchungen von Moeser (1974), wie auch die Untersuchungen von Reynolds & Flagg (1976) selbst: Danach wird bei den leichten recodierbaren konkreten Sätzen jede Veränderung besser bemerkt als bei abstrakten Sätzen. Diese sind schwerer zu recodieren und werden deshalb insgesamt schlechter behalten. Die Befunde von Begg & Paivio (1969) stehen mit dieser Feststellung in keinem Widerspruch, da sie auf einem Response-Set basieren (vgl. Kapitel 4.2). Wenn Verben eine intensivere semantische Analyse erfahren als Substantive, sollten sie in jeder Hinsicht besser behalten werden, so daß Veränderungen des Wortlautes bei ihnen eher auffallen sollten als bei Substantiven.

3. Konkrete Sätze werden gegenüber abstrakten Sätzen besser behalten. Wenn — wie die Autoren annehmen — das Verb ein besonders wichtiger Satzteil ist, sollten Vorstellungen, durch die ein konkreter Satz zu einer Gedächtniseinheit recodiert wird, vor allem auf das Verb zurückzuführen sein. Befunde von Yuille & Holyoak (1974) zeigen jedoch, daß dies nicht der Fall ist. In dieser Untersuchung erhielten die Vpn Sätze dargeboten, bei denen der Imagery-Wert der Substantive und der Verben variiert wurde.

Ergebnis: Die Behaltensleistungen verbesserten sich durch die Verwendung konkreter Substantive erheblich gegenüber der Situation, in der abstrakte Substantive verwendet wurden. Der Imagery-Wert des Verbs dagegen hatte keinerlei Einfluß: Sätze mit einem konkreten oder abstrakten Verb wurden gleich gut behalten.

Insgesamt sprechen diese Ergebnisse gegen die Annahme, daß Substantive »oberflächlicher« als Verben verarbeitet werden. Vielmehr ist es umgekehrt: das Verb scheint »oberflächlicher« verarbeitet zu werden als die Substantive eines Satzes. Hierbei treten allerdings Konflikte auf, sofern die Substantive unterschiedliche syntaktische und semantische Funktionen erfüllen. Dies zeigen die widersprüchlichen Befunde zur Verarbeitung von Passivsätzen, die man damit erklären kann, daß sich hier das grammatische und das logische Subjekt gleichermaßen als Organisationskern anbieten. Ein derartiger Konflikt tritt allerdings nicht mehr auf, wenn ein bestimmtes Substantiv durch zusätzliche semantische oder kontextuelle Faktoren von den übrigen Wörtern des Satzes abgehoben wird.
Dies zeigen Untersuchungen von James, Thompson & Baldwin (1973), in denen ebenfalls Aktiv- und Passivsätze verwendet wurden. Neben dieser syntaktischen Variation veränderten die Autoren den Imagery-Wert der Subjekt- und Objekt-Nomen: Entweder wurden Substantive verwendet, die leicht zu Vorstellungen führen (Wörter mit hohem Imagery-Wert, H-Wörter), oder aber Wörter mit niedrigem Imagery-Wert (L-Wörter), die kaum Vorstellungen hervorrufen. Dies ergab insgesamt 4 verschiedene Kombinationen:

1. HH-Sätze: Hier fungierten H-Wörter als Subjekt und Objekt.
2. LL-Sätze: Hier fungierten L-Wörter als Subjekt und Objekt.
3. LH-Sätze: Hier fungierten als Subjekt ein L-Wort und als Objekt ein H-Wort.
4. HL-Sätze: Hier fungierten als Subjekt ein H-Wort und als Objekt ein L-Wort.

Diese 4 Satzarten wurden sowohl als Aktiv- als auch als Passivsätze formuliert, was insgesamt 8 verschiedene Satztypen ergab, die die Vpn behalten sollten.
Grundgedanke der Autoren: Ein Wort gerät um so wahrscheinlicher ins Zentrum der kognitiven Aufmerksamkeit (Ertel 1974) oder wird zum Satzthema, wie die Autoren sagen, je mehr der folgenden drei Eigenschaften es auf sich vereint: Hoher Imagery-Wert, logisches Subjekt (Agent), grammatisches Subjekt (Nominativ). Je weniger dieser Eigenschaften also ein Substantiv auf sich vereint, um so geringer sollte die Wahrscheinlichkeit sein, daß es als Organisationskern verwendet wird. Im Falle der Satzarten: aktiver/passiver LH-Satz, aktiver/passiver HL-Satz, bei denen sowohl konkrete als auch abstrakte Substantive vorkommen, treffen alle drei Eigenschaften lediglich auf das erste Wort eines aktiven HL-Satzes zu: Dieses Wort besitzt einen hohen Imagery-Wert und erfüllt die Position des logischen und grammatischen Subjekts. Entsprechend sollte dieses Wort die größte Wahrscheinlichkeit besitzen, zum Organisationskern gewählt zu werden. Deshalb ist zu erwarten, daß dieses Wort bei diesem Satz besser behalten wird als das Objekt. Zwei dieser Eigenschaften treffen auf das erste Wort eines passiven HL-Satzes zu (hoher Imagery-Wert, grammatisches Subjekt), auf das erste Wort eines aktiven LH-Satzes (logisches, grammatisches Subjekt), sowie auf das zweite Wort eines passiven LH-Satzes (hoher Imagery-Wert, logisches Subjekt). Insofern sollten auch diese Satzteile mit größerer Wahrscheinlichkeit richtig reproduziert werden als das jeweils andere Substantiv, welches nur eine dieser drei Eigenschaften auf sich vereint.
Die Behaltensleistungen zeigen, daß diese Überlegungen zutreffend sind, allerdings mit einer Ausnahme: Bei aktiven LH-Sätzen wird das erste Substantiv mit den zwei Eigenschaften logisches/grammatisches Subjekt nicht besser reproduziert als das Objekt, welches einen hohen Imagery-Wert besitzt. Dies kann damit erklärt werden, daß ein hoher Imagery-Wert die Zuwendung des Rezipienten

stärker beeinflußt als jede der Eigenschaften »grammatisches oder logisches Subjekt«. Die Behaltensleistungen legen deshalb die folgende Interpretation nahe: Aufgrund seiner syntaktischen Position und seines hohen Imagery-Wertes verwenden die Vpn im Falle aktiver und passiver LH-Sätze das vorstellungshaltigere Objekt als Organisationskern und nicht — wie bei den HL-Sätzen — das grammatische Subjekt.

Wenn dies so ist, sollten sich bei der Reproduktion aktiver LH-Sätze häufiger als bei aktiven HL-Sätzen Transformationsfehler in dem Sinne zeigen, daß die Vpn diese Sätze irrtümlich als Passivsätze reproduzieren. Denn man muß annehmen, daß der Satzteil, den eine Vp als Organisationskern gewählt hat, gleichsam in die Rolle eines grammatischen Subjekts drängt. Deshalb sollten die Vpn dazu tendieren, die aktiven LH-Sätze irrtümlich als passive HL-Sätze zu reproduzieren, wenn sie das H-Wort als Organisationskern verwendet haben. Ein derartiger Transformationsfehler ist dagegen im Falle aktiver HL-Sätze nicht zu erwarten: Wenn hierbei das grammatische Subjekt als Organisationskern verwendet worden ist, so liegt es nahe, dieses wiederum als grammatisches Subjekt zu reproduzieren. Diese Überlegungen werden durch die Befunde der Autoren voll bestätigt: Im Falle aktiver LH-Sätze war die Wahrscheinlichkeit eines Transformationsfehlers sehr viel größer als im Falle aktiver HL-Sätze. — Im Falle passiver LH-Sätze dagegen sind Transformationsfehler der Art zu erwarten, daß die Vpn dazu tendieren, diese Sätze irrtümlich als Aktivsätze zu reproduzieren: Das Objekt-Nomen wird hier besser als das Subjekt-Nomen behalten. Dies deutet darauf hin, daß hier das Objekt als Organisationskern verwendet wurde. Entsprechend sollte dieses Nomen bei der Reproduktion der Sätze in eine Subjektposition drängen, so daß die Sätze als Aktivsätze reproduziert werden sollten. Im Falle passiver HL-Sätze dagegen sind derartige Transformationsfehler nicht zu erwarten. Hier nimmt das vorstellungshaltigere Wort, welches die Aufmerksamkeit des Rezipienten auf sich lenkt, eine Subjektposition ein. Entsprechend sollte es diese Position auch bei der Reproduktion der Sätze einnehmen. Die Ergebnisse bestätigen auch diese Erwartungen: Bei passiven HL-Sätzen ist die Wahrscheinlichkeit eines Transformationsfehlers sehr viel geringer als bei passiven LH-Sätzen. —

Faßt man die bislang zur Satzverarbeitung referierten Untersuchungen zusammen, so läßt sich folgendes feststellen: Die Recodierung von Sätzen scheint nicht grundsätzlich anders zu verlaufen als die Recodierung von ähnlichen oder unverbundenen Wörtern. Auch hierbei erfolgt die Recodierung mit Hilfe eines Satzteils, dessen Funktion als Organisationskern daran sichtbar wird, daß er besser behalten wird und eine bessere Retrieval-Hilfe darstellt als andere Satzteile. Darüber hinaus ist festzustellen, daß diese Funktion nicht vom Verb übernommen wird, wie es propositionstheoretische Ansätze erwarten lassen. Weniger eindeutig ist dagegen die Frage zu beantworten, ob diese Funktion eher vom grammatischen oder eher vom logischen Subjekt übernommen wird, wenn beide Funktionen durch verschiedene Nomen repräsentiert werden. Die referierten Untersuchungen von James et al. (1973) zeigen, daß dies von einer Reihe von Merkmalen abhängt, die ein Substantiv in unterschiedlichem Ausmaß in sich vereinigen kann (siehe dazu auch Clark & Begun 1971). Darüber hinaus spielt dabei auch der Satzkontext eine Rolle, wie Untersuchungen zeigen, auf die weiter unten eingegangen wird.

Allerdings ist zu bedenken, daß eine derartige »Konkurrenz« verschiedener Substantive um die Funktion des Organisationskerns nicht die einzige Ursache für die divergierenden Befunde sein muß, die zu diesem Problem vorliegen: Man kann vermuten, daß sich die Sätze, die in den verschiedenen Untersuchungen verwendet wurden, in dem Grad ihrer Recodierbarkeit voneinander unterscheiden (vgl. Kapitel 4.1). Entsprechend könnten in den einzelnen Untersuchungen unterschiedliche Recodierstadien erfaßt worden sein, zumal die Sätze unterschiedlich häufig dargeboten wurden. Nach Ehrlich (1975) wird ein längerer Satz zunächst zu mehreren Untereinheiten recodiert. Die Recodierung zu *einer* Gedächtniseinheit kann erst im Gefolge einer längeren oder wiederholten Satzdarbietung erfolgen. Wie wirksam ein Retrieval-Cue ist, könnte nun von dem jeweiligen Recodierstadium abhängen: Sofern ein Satz zu mehreren Gedächtniseinheiten recodiert worden ist, wird durch den Cue nur diejenige Einheit angesprochen, der dieser Cue angehört. Entsprechend können hier verschiedene Cues, die unterschiedliche Einheiten repräsentieren, das Behalten verbessern. Anders dagegen in der Situation, in der ein Satz zu *einer* Einheit recodiert worden ist. Hier sollte es nur einen Cue geben, der die Reproduktion des gesamten Satzes erleichtert und der sich damit als der zentrale Organisationskern erweist.

4.4.2 Thema und Rhema bei der Satzverarbeitung

Die im letzten Kapitel diskutierten Untersuchungen lassen erkennen, daß bei der Recodierung eines Satzes derjenige Satzteil als Organisationskern gewählt wird, der sich aufgrund syntaktischer oder semantischer Merkmale von anderen Satzteilen abhebt und dadurch die Aufmerksamkeit des Rezipienten auf sich zieht.
Hier klingt die vor allem von den Prager Linguisten diskutierte Unterscheidung von *Thema* und *Rhema* an, die in der Psycholinguistik zunehmend an Bedeutung gewinnt (z. B. Halliday 1967, Chafe 1972, Ertel 1974, Engelkamp 1976, siehe dazu auch Lyons 1968): Danach enthält ein Satz ein Thema oder Topic, welches vom Sprecher des Satzes als bekannt vorausgesetzt wird und welches gleichsam die Satzbasis darstellt. Auf diese Basis sind die durch den Satz übermittelten neuen Informationen zu beziehen, die Rhema oder Comment genannt werden. Das Thema als die bekannte Information wird in der Regel vor der neuen Information genannt (Rhema). Entsprechend nimmt das Thema üblicherweise eine Subjekt- und das Rhema eine Dativposition ein. Durch Subjektivierung definiert der Sprecher also gleichsam die Satzbasis, auf die der Rezipient die übrigen Satzinformationen beziehen soll. Von daher liegt es nahe, das Thema mit dem Organisationskern zu identifizieren, mit dessen Hilfe ein Satz recodiert wird. Andererseits sprechen jedoch allgemeinpsychologische Überlegungen eher für die Annahme, daß es die neuen Satzinformationen sind, welche die Aufmerksamkeit des Rezipienten auf sich lenken. Demzufolge sollte nicht der thematische, sondern der rhematische Satzteil als Organisationskern gewählt werden. Diesen widersprüchlichen Erwartungen — die sich erst auf der Textebene auflösen lassen — entsprechen auch die Ergebnisse der Untersuchungen, die zu dieser Frage vorliegen. Diese Untersuchungen zeigen zweierlei:

1. Der als Thema markierte Satzteil spielt bei der Satzverarbeitung eine wichtige Rolle.
2. Dennoch richtet sich die Aufmerksamkeit des Rezipienten in der Regel auf den rhematischen Satzteil. Dieser bildet bei isoliert dargebotenen Sätzen das »psychologische Subjekt« und damit den Organisationskern.

Die psychologische Bedeutsamkeit des Satzthemas wird durch eine Untersuchung von Grieve & Wales (1973) demonstriert. Die Autoren verwendeten Aktiv- und Passivsätze, die von den Vpn als Antworten auf Fragen verstanden werden sollten, die sie selbst zu formulieren hatten. Grundgedanke: Derjenige Satzteil, nach dem eine Vp fragt, ist als Thema oder Topic interpretiert worden. Fragt eine Vp also nach dem grammatischen Subjekt, hat sie das Subjekt als Thema gewählt, bei einer Objekt-bezogenen Frage dagegen das Objekt.
Um zu überprüfen, ob hierbei der Artikel eine Rolle spielt, verwendeten die Autoren Sätze, bei denen das Subjekt oder Objekt mit einem definiten oder indefiniten Artikel versehen war. Darüber hinaus wurden die Sätze entweder als Aktiv- oder als Passivsätze formuliert, wobei verschiedene Passivformen gewählt wurden (vgl. 19a bis 19e).

(19a) Ein Mann tötete das Reh.
(19b) Der Mann tötete ein Reh.
(19c) Ein Reh wurde von dem Mann getötet.
(19d) Das Reh wurde von einem Mann getötet.
(19e) Ein Reh wurde getötet.

Ergebnis: Die Fragen der Vpn bezogen sich bei allen Sätzen auf denjenigen Satzteil, der mit einem definiten Artikel versehen war. Die Autoren schließen aus diesem Befund, daß die Wortfolge (und damit die syntaktische Funktion eines Substantivs) die Themen-Wahl nur dann beeinflußt, wenn alle Substantive mit definitem Artikel versehen sind. Hier sollte das erste Substantiv als Thema gewählt werden, welches bei Aktiv- und Passivsätzen dem grammatischen Subjekt entspricht.
Diese Annahme wird durch eine Untersuchung von Hornby (1972) gestützt. Zugleich resultieren aus dieser Untersuchung jedoch Zweifel daran, daß der als Thema wahrgenommene Satzteil mit demjenigen Satzteil identisch ist, welcher bei der Recodierung die Funktion eines Organisationskerns übernimmt. Hornby verwendete neben Aktiv- und Passivsätzen (wie 20a, 20b) auch Sätze, die sogenannte Cleft- oder Spaltsatzkonstruktionen aufwiesen (20c bis 20f). Durch derartige Konstruktionen wird die Aufmerksamkeit des Rezipienten auf einen bestimmten Satzteil gelenkt: im Falle von (20c) auf das Wort *Indianer*, im Falle von (20d) auf das Wort *Iglu*. Durch sogenannte »Pseudo-Spaltsatz-Konstruktionen« (20e, f) wird die Aufmerksamkeit dagegen auf das zuletzt genannte Substantiv gerichtet; im Falle von (20e) also auf das Wort *Indianer*, im Falle von (20f) auf das Wort *Iglu*. Schließlich versuchte Hornby die Aufmerksamkeit des Rezipienten auch dadurch auf einen bestimmten Satzteil zu lenken, daß er diesen akustisch hervorhob, d. h. besonders betonte (bei 20g das Wort *Indianer*).

(20a) Der Indianer baut das Iglu.
(20b) Das Iglu wird von dem Indianer gebaut.
(20c) Es ist der Indianer, der das Iglu baut.
(20d) Es ist das Iglu, das der Indianer baut.
(20e) Derjenige, der das Iglu baut, ist der Indianer.
(20f) Dasjenige, was der Indianer baut, ist das Iglu.
(20g) Der Indianer baut das Iglu.

Um zu überprüfen, welcher Satzteil jeweils für wichtiger gehalten wurde und damit als »psychologisches Subjekt« fungierte, bot der Autor zu jedem Satz zwei Bilder dar, die beide von der Satzaussage abwichen: das eine Bild bezüglich des logischen Subjekts, das andere bezüglich des logischen Objekts. Im Falle der Sätze (20a bis g) zeigte das eine Bild einen Indianer, der ein Zelt baut, unterschied sich von dem dazugehörigen Satz also bezüglich des logischen Objekts. Das andere Bild zeigte dagegen einen Eskimo vor einem Iglu und wich damit bezüglich des Agenten von der Satzaussage ab.

Die Aufgabe der Vpn bestand darin, für jeden Satz das besser passende Bild auszuwählen. Ergebnis: Im Falle der Aktiv- und Passivsätze wurden Bilder gewählt, die mit dem grammatischen Subjekt als dem erstgenannten Substantiv übereinstimmten. Im Falle von (20a) zeigte das gewählte Bild einen Indianer mit einem Zelt, im Falle von (20b) ein Iglu mit einem Eskimo. Im Falle der Spaltsätze (20c) und (20d) dagegen wurden solche Bilder gewählt, die mit dem zweiten Substantiv übereinstimmten, im Falle von (20c) also ein Bild mit einem Iglu und Eskimo, im Falle von (20d) einen Indianer vor einem Zelt. Bei den Pseudo-Spalt-Sätzen wiederum wurden Bilder gewählt, die mit dem eingebetteten Satzteil übereinstimmten, im Falle von (20e) also mit dem *Iglu*, im Falle von (20f) mit dem *Indianer*. Bei allen Spaltsätzen wurden Bildübereinstimmungen mit dem unbetonten Satzteil hergestellt und nicht etwa mit dem betonten Satzteil. Die Wortstellung und die semantische oder syntaktische Funktion dieses Nomens spielte dabei eine nur untergeordnete Rolle. Dasselbe zeigte sich auch für diejenigen Sätze, bei denen ein bestimmter Satzteil akustisch hervorgehoben wurde: Auch hier war es nicht der betonte, sondern der unbetonte Satzteil, für den die Vp das dazu passende Bild auswählte. —

Sind es also diese unbetonten Satzteile, welche die Vpn bei diesen Sätzen zum Organisationskern gewählt haben? Die in dem letzten Kapitel (4.4.1) diskutierten Untersuchungsergebnisse von James et al. (1973) lassen daran zweifeln: Danach sollte es gerade der semantisch und/oder syntaktisch hervorgehobene Satzteil sein, welcher zum Organisationskern gewählt wird, weil *er* die Aufmerksamkeit des Rezipienten auf sich zieht. Dieser Widerspruch wird nur dann verständlich, wenn man annimmt, daß bei isolierten Sätzen die Funktionen des Themas und des Organisationskerns durch verschiedene Satzteile übernommen werden. Diese Annahme wird durch Untersuchungen gestützt, die im folgenden behandelt werden sollen:

So führte Hornby (1974) zwei weitere Untersuchungen durch, in denen neben anderen Satzformen ebenfalls Spaltsatzkonstruktionen (wie 20c bis f) verwendet wurden. Den Vpn wurden die Sätze jedoch in einer etwas veränderten Versuchsanordnung dargeboten: Zunächst hörten sie einen Satz, um anschließend für sehr kurze Zeit (50 msec) ein Bild zu sehen, das wegen der kurzen Expositionszeit nur unvollständig wahrgenommen werden konnte. Ein Teil dieser Bilder war mit der Satzaussage identisch, während ein anderer Teil in der schon bekannten Weise von der Satzaussage abwich, indem es ein anderes Subjekt oder Objekt zeigte, als in dem dazugehörigen Satz verwendet wurde. Allerdings hatten die Vpn hierbei eine andere Aufgabe zu erfüllen. Sie sollten lediglich beurteilen, ob ein Bild mit der Aussage des zuvor gehörten Satzes identisch war oder nicht. Frage: Bei welchem Satzteil wird die Bildabweichung häufiger übersehen, bei dem betonten oder unbetonten Satzteil? Antwort: Die meisten Fehler traten auf, wenn die Bildabweichung den *un*betonten Satzteil betraf; Bildabweichungen wurden also häufiger bemerkt, wenn sie den betonten Satzteil betrafen. Dies aber läßt nur eine Interpretation zu: Der betonte Satzteil wird nicht nur nicht weniger, sondern sogar stärker beachtet und deshalb sorgfältiger verarbeitet als der unbetonte Satzteil.

Dies zeigen auch die Untersuchungen von Singer (1976). Hier sollten die Vpn Spaltsätze der von Hornby (1972, 1974) verwendeten Art behalten, oder Sätze, deren Subjekt oder Objekt — wie bei Grieve & Wales (1973) — mit einem definiten oder indefiniten Artikel versehen waren. Das Behalten wurde dabei auf zwei verschiedene Arten überprüft: Ein Teil der Vpn sollte aus einer Reihe von Testwörtern diejenigen herausfinden, die in den zuvor dargebotenen Sätzen enthalten waren. Andere Vpn dagegen sollten diese Sätze reproduzieren, wobei sie verschiedene Satzteile als Retrieval-Cues erhielten. Übereinstimmendes Ergebnis von insgesamt vier Experimenten: Diejenigen Substantive, die durch die Spaltsatzkonstruktion besonders hervorgehoben wurden oder mit einem unbestimmten Artikel versehen waren, wurden besser behalten als die unbetonten oder mit einem definiten Artikel versehenen Substantive. Zugleich waren es diese betonten oder mit einem indefiniten Artikel versehenen Substantive, welche sich als der effektivere Retrieval-Cue erwiesen. Demzufolge ist anzunehmen, daß diese betonten Satzteile die Funktion von Organisationskernen übernommen haben, mit deren Hilfe die Vpn die Sätze recodiert und reproduziert haben.

Zugleich bestätigt dies die Befunde von James et al. (1973), daß ein Satzteil, der durch syntaktische und/oder semantische Merkmale die Aufmerksamkeit auf sich zieht, die Funktion eines Organisationskerns übernimmt. Dieser Satzteil ist nach den Untersuchungen von Grieve & Wales (1973) und Hornby (1972) allerdings nicht identisch mit demjenigen Satzteil, der die Funktion des psychologischen Subjekts oder Themas übernimmt. Bedeutet dies also, daß das Thema für die Recodierung eines Satzes unwichtig ist?

Hornby (1972, 1974) und Singer (1976) versuchen eine kommunikationspsychologische Antwort auf diese Frage zu geben, indem sie dem thematischen und rhematischen Satzteil unterschiedliche Funktionen zuschreiben (siehe dazu auch Engelkamp 1976): Nach Hornby repräsentiert das psychologische Subjekt oder Thema diejenige Satzinformation, von der ein Sprecher annimmt, daß sie dem Rezipienten bekannt ist. Diese Präsupposition muß der Hörer erfüllen, damit der Satz seine kommunikative Funktion erfüllen kann. Diese Sprecherannahme wird von dem Rezipienten allerdings nicht überprüft. Denn nach Hornbys Befunden (1974) sind es die rhematischen Satzinformationen, die im Mittelpunkt seiner Aufmerksamkeit stehen. Dies ist aus kommunikationstheoretischer Sicht auch ganz verständlich, wenn man wie Singer (1976) davon ausgeht, daß die Aufgabe der Sprache darin besteht, neue Informationen zu übermitteln. Allerdings kann eine Vp durch die Art der Aufgabe dazu veranlaßt werden, sich dem unbetonten Satzthema zuzuwenden. Dies ist dann gegeben, wenn das Thema durch den Bildkontext gleichsam in Frage gestellt ist. Dadurch richtet sich die Aufmerksamkeit auf die »alte« Satzinformation, wie Hornbys (1972) Untersuchung zeigt: Hier war den Vpn eine Kongruenz zwischen dem thematischen Satzteil und dem Bild wichtiger als zwischen dem rhematischen Satzteil und dem Bild.

Bei genauerer Überlegung erweist sich diese kommunikationstheoretische Interpretation der Befunde allerdings als wenig plausibel. Denn in den diesbezüglichen Untersuchungen wurden einzelne, inhaltlich unverbundene Sätze verwendet, die ausschließlich »neue« Informationen enthielten. Was bei diesen Sätzen fehlte, waren also thematische Informationen, d. h. Informationen, die dem Rezipienten zuvor bereits gegeben wurden und damit bekannt waren, als ihm der Satz dargeboten wurde. Deshalb lassen diese Untersuchungen lediglich den Schluß zu, daß in diesen Fällen ein durch den indefiniten Artikel, durch Spaltkonstruktionen oder durch prosodische Faktoren (Betonung) hervorgehobener Satzteil die Aufmerksamkeit des Rezipienten auf sich zieht und damit die Funktion eines Organisationskerns übernimmt. Dies ist vermutlich deshalb so, weil üblicherweise der mit der rhematischen Information identische Satzteil sprachlich hervorgehoben wird. Allerdings ist eine Unterscheidung zwischen der rhematischen und der thematischen Information erst im Zusammenhang mit einem Text sinnvoll. Denn hier werden durch die Sätze früherer Textpositionen neue Informationen eingeführt, die im weiteren Textverlauf den Status gegebener und damit thematischer Informationen übernehmen können, wenn sie in nachfolgenden Sätzen erneut aufgegriffen werden. Daraus folgt, daß die Funktion thematischer Informationen nicht auf der Satzebene, sondern erst auf der Textebene überprüft werden kann. Und hierbei zeigt sich, daß die thematischen gegenüber den rhematischen Satzteilen als Organisationskerne in den Vordergrund treten. Auf das damit angesprochene Problem der Textverarbeitung soll im folgenden näher eingegangen werden.

Kontrollfragen

1. Warum werden Sätze von unterschiedlicher semantischer Integrierbarkeit unterschiedlich gut behalten?
2. Wie gut werden formale im Vergleich zu inhaltlichen Veränderungen bei konkreten und abstrakten Sätzen bemerkt?
   Wie sind diese Unterschiede recodier-theoretisch zu erklären?
3. Warum ist die TEP-Struktur ein guter Index für die bei der Satzverarbeitung ablaufenden Recodierprozesse?
4. Woran erkennt man, daß ein Satzteil die Funktion eines Organisationskerns übernommen hat?
5. Welche Eigenschaften sind dafür verantwortlich, daß ein bestimmter Satzteil als Organisationskern gewählt wird?

5. Recodierprozesse beim Behalten von Texten

5.1 Textverarbeitung als semantischer Integrationsvorgang

Bei der Satzverarbeitung werden Recodierprozesse vollzogen, die funktional denjenigen entsprechen, die beim Behalten kategorial ähnlicher Wörter ablaufen. Da nun ein Text aus mehreren Sätzen besteht, könnte man das Behalten eines Textes mit dem Behalten einer Liste gleichsetzen, die Wörter aus vielen verschiedenen Kategorien enthält. Dieser Ansicht widersprechen jedoch Untersuchungen, in denen einzelne Textteile in einer von der Textfolge abweichenden Abfolge dargeboten wurden:

Dooling & Lachman (1971) boten Wörter eines Textes in Zufallsabfolge dar. Die daraus resultierenden Behaltensleistungen verglichen sie mit denjenigen, die sich zeigten, wenn die Wörter in einer mit dem Text übereinstimmenden Abfolge dargeboten wurden. Ergebnis: Von den in Zufallsabfolge dargebotenen Wörtern konnten die Vpn nur sehr wenige behalten.

Frase (1969), Schultz & Di Vesta (1972), Perlmutter & Royer (1973), Thorndyke (1977) u. a. boten ihren Vpn zwar nicht die einzelnen Wörter, wohl aber die einzelnen Sätze eines Textes in Zufallsfolge dar. Ergebnis: Auch dies reduzierte die Behaltensleistungen beträchtlich gegenüber der Situation, in der die Sätze in der im Text vorgesehenen Abfolge dargeboten wurden.

Wie wichtig die Abfolge der einzelnen Sätze für das Behalten eines Textes ist, zeigt sich schließlich auch an einer Untersuchung von Meyers & Boldrick (1975): Hier erhielten die Vpn Sätze in einer Abfolge dargeboten, die zu 50, 80 oder 100% mit der Abfolge im Originaltext übereinstimmte. Ergebnis: Die Behaltensleistungen waren um so besser, je mehr die Darbietungsfolge der Sätze mit der Textfolge übereinstimmte. Darüber hinaus wurden die Sätze um so weniger in der dargebotenen Abfolge reproduziert, je stärker diese von der in dem Text vorgesehenen Abfolge abwich.

All diese Untersuchungen zeigen, daß bei der Verarbeitung eines Textes Recodierprozesse ablaufen, welche die Satzgrenzen überschreiten. Wäre nämlich jeder Satz zu einer gesonderten Gedächtniseinheit recodiert worden, hätte die Darbietungsfolge der einzelnen Sätze keinen Einfluß auf das Behalten ausüben dürfen, was tatsächlich jedoch nicht der Fall war. Deshalb ist anzunehmen, daß die Recodierung eines Satzes zu einer Gedächtniseinheit nur ein Zwischenstadium derjenigen Recodierprozesse ist, durch welche die einzelnen Sätze zu der Einheit »Text« integriert werden. Insofern ist Frase (1969), Crothers (1972), Rumelhart (1975) u. a. nur zuzustimmen, wenn sie ganz im Sinne der Gestaltpsychologie feststellen, daß ein Text mehr ist als eine Ansammlung von Sätzen, da er nach satzübergreifenden Strukturen organisiert ist und dadurch eine »Ganzheit« darstellt. Je stärker deshalb diese Struktur gestört wird, um so schlechter wird der Text behalten, wie die eingangs geschilderten Untersuchungen zeigen: Werden die Sätze in Zufallsfolge dargeboten, entspricht dies weitgehend der Situation, in der eine Liste mit unverbundenen Sätzen dargeboten wird. Werden zusätzlich auch die einzelnen Wörter in Zufallsfolge dargeboten, entspricht der Text funktional einer Liste mit unverbundenen Wörtern. Dies zeigt sich auch an der Abfolge, in der einzelne Textteile reproduziert werden: Stimmt die Darbietungsfolge mit der in dem Text vorgesehenen Abfolge überein, wird diese Abfolge auch in den Reproduktionen eingehalten. Je mehr jedoch die Textdarbietungsfolge von der Textfolge abweicht, um so mehr weicht auch die Reproduktionsfolge von der Darbietungsfolge ab. Denn in diesen Fällen versucht eine Vp, zwischen den Textteilen trotz ihrer unsystematischen Darbietung systematische, satzübergreifende Zusammenhänge herzustellen. Entsprechend werden Textteile, bei denen dies gelingt, zusammen reproduziert, obwohl sie nicht zusammen dargeboten wurden. Man könnte deshalb von einem »Clustering höherer Ordnung« sprechen. Denn dasselbe zeigt sich bei kategorial ähnlichen Wörtern, die auch dann zusammen reproduziert werden, wenn sie weit auseinanderliegende Listenpositionen einnehmen.

Entsprechend haben Frase (1969), Schultz & Di Vesta (1972), Perlmutter & Royer (1973) und Di Vesta et al. (1973) versucht, die bei Textreproduktionen zutage tretenden Organisationsprozesse durch denselben Index zu erfassen, den Bousfield und seine Mitarbeiter entwickelt haben, um das Clustering kategorial ähnlicher Wörter zu erfassen: Sie verwendeten Texte, die verschiedene Eigenschaften (Attribute) von verschiedenen Referenten (Konzepte) behandelten. Schultz & Di Vesta verwendeten beispielsweise Texte, die u. a. das Klima, die Staatsform und das Bevölkerungswachstum (Attribute) verschiedener Nationen (Konzepte) behandelten. Diese Texte waren entweder nach Konzepten oder nach Attributen organisiert. Im ersten Fall wurden Sätze zusammen dargeboten, die verschiedene Eigenschaften *einer* Nation behandelten (Konzept-Organisation). Im Falle einer Attributs-Organisation behandelten die aufeinanderfolgenden Sätze dieselben Attribute verschiedener Nationen. In anderen Fällen wurden die Sätze dagegen in Zufallsfolge dargeboten. Das Ausmaß des Clustering, das die Textreproduktionen aufwiesen, erfaßten die Autoren in folgender Weise: Ausgezählt wurde, wie viele unmittelbar nacheinander reproduzierte Sätze dasselbe Konzept oder dasselbe Attribut behandelten. Diese Zahl wurde ins Verhältnis gesetzt zu der Anzahl der von einer Vp insgesamt reproduzierten Sätze.

Ergebnis: Die Reproduktionen organisiert dargebotener Texte zeigten ein sehr viel höheres Clustering als die Reproduktionen von Texten, deren Sätze in Zufallsfolge dargeboten wurden. Darüber hinaus bestand ein einger Zusammenhang zwischen dem Ausmaß des Clustering und dem Behalten: Eine unsystematische Abfolge einzelner Textteile führte zu einem geringen Clustering und zu einem schlechten Behalten; eine organisierte Darbietung von Texten dagegen führte zu einem ausgeprägten Clustering und guten Behalten.

Dies zeigt, daß Texte in prinzipiell derselben Weise recodiert werden wie einzelne Sätze oder Wortlisten, allerdings mit einem Unterschied: Diejenigen Recodierprozesse, die bei der Verarbeitung individueller Sätze oder kategorial ähnlicher Wörter ablaufen, markieren gleichsam ein Zwischenstadium der Recodierprozesse, die bei einem Text vollzogen werden. Denn eine Vp, die bei einem Text Clustering-Prozesse der beschriebenen Art vollzieht, muß zunächst einzelne Wörter zu einem Satz recodiert haben; erst danach ist sie in der Lage, satzübergreifende Gedächtniseinheiten zu bilden.

Prinzipiell sind Recodierprozesse höherer Ordnung allerdings auch dann möglich, wenn eine Vp eine Liste mit unverbundenen Sätzen behalten soll, oder eine Liste mit Wörtern, die verschiedenen inhaltlichen Kategorien angehören. In dem zuletzt genannten Fall bedeutet dies, daß die Wörter einer Kategorie zu einer Untereinheit recodiert werden (*Recodierprozesse 1. Ordnung*) und darüber hinaus — mit Hilfe eines Oberbegriffs größerer Allgemeinheit — mehrere Kategorien zu einer übergeordneten Einheit (*Recodierprozesse 2. Ordnung*). Im Falle inhaltlich unverbundener Kategorien oder Sätze sollte dies allerdings nur dann möglich sein, wenn die betreffende Satz- oder Wortliste öfter oder für längere Zeit dargeboten wird. Anders dagegen im Falle inhaltlich verbundener Kategorien. Hier sollten den Vpn die Recodierprozesse 2. Ordnung ebenso leichtfallen wie bei inhaltlich verbundenen Sätzen (Texten), sofern die Wörter nach der inhaltlichen Zusammengehörigkeit der einzelnen Kategorien dargeboten werden.

Hinweise für die Richtigkeit dieser Überlegungen liefern die bereits diskutierten Untersuchungen von Bower et al. (1969) (vgl. Kapitel 3.1): In einer der dort realisierten Versuchsbedingungen erhielten die Vpn Wörter wie *Saphir, Diamant, Rubin* und *Granit, Marmor, Schiefer* in Form einer Oberbegriffshierarchie dargeboten. Dadurch wurde nicht nur deutlich, daß ein Teil der Wörter der Kategorie *Edelsteine,* ein anderer Teil der Kategorie *Bausteine* angehörte (Recodierung 1. Ordnung), sondern auch, daß diese Unterkategorien zu der übergeordneten Kategorie *Steine* gehörten (Recodierprozesse 2. Ordnung). Diese Recodierprozesse blieben freilich aus, wenn die Wörter in Zufallsfolge dargeboten wurden, wie sich dasselbe bei Texten zeigte, deren Wörter oder Sätze in zufälliger Abfolge dargeboten wurden. —

Um die bei der Textverarbeitung ablaufenden Recodierprozesse 2. Ordnung zu erfassen, haben Bransford & Franks (1971) eine besondere Methodik entwickelt: Bousfield (1953) hatte bekanntlich Wörter verwendet, die verschiedenen, inhaltlich definierten Kategorien angehörten. In Analogie dazu verwendeten die Autoren eine Liste mit 24 Sätzen, von denen jeweils 6 Sätze inhaltlich dadurch zusammengehörten, daß sie eine gemeinsame, übergeordnete »Grundidee« nach Art von (21a) oder (22) repräsentierten. Jede dieser Grundideen setzte sich aus vier Teilideen, Elementarsätzen oder Propositionen zusammen, wie dies (21b) zeigt. In einigen Fällen wurde eine derartige Teilidee in Form eines gesonderten Satzes dargeboten, während in anderen Fällen mehrere Teilideen in einem einzigen Satz zusammengefaßt waren. Dies zeigt (21c).

(21a) Der Felsbrocken, der den Berg herunterrollte, krachte gegen die winzige Hütte, die am Rande des Waldes stand.

(21b) Der Felsbrocken rollte den Berg herunter. Der Felsbrocken krachte gegen die Hütte. Die Hütte stand am Waldesrand. Die Hütte war winzig.

(21c) Der Felsbrocken rollte den Berg herunter. Der Felsbrocken krachte gegen die winzige Hütte am Waldesrand.

(21d) Der Felsbrocken, der den Berg herunterrollte, krachte gegen die Hütte. Die Hütte war winzig.

(21e) Die Tanten aßen in der winzigen Hütte.

(22) Die Tanten in der Küche aßen süßes Gelee, das auf dem Tisch stand.

Die Vpn erhielten Sätze wie (21c) mit der Instruktion dargeboten, daß sie später diesbezügliche Fragen zu beantworten hätten. Im Anschluß an die Darbietung der Sätze erfolgte (nach einer Zwischentätigkeit) eine Behaltensprüfung in Form eines Rekognitionstests: Den Vpn wurde eine Liste mit Testsätzen verlesen, von denen ein Teil mit den zuvor gehörten Originalsätzen identisch war. Andere Testsätze unterschieden sich von den Originalsätzen lediglich syntaktisch nach Art von (21d): Hier wurden Teilideen *einer* Grundidee in anderer Weise zu einem Satz kombiniert als in den Originalsätzen (vgl. 21c versus 21d). Andere Testsätze wiederum unterschieden sich von den Originalsätzen in semantischer Hinsicht, wie dies (21e) zeigt: Testsätze dieser Art kombinierten Teilideen verschiedener Grundideen und unterschieden sich damit von den Originalsätzen in semantisch-relationaler Hinsicht.

Die Aufgabe der Vpn bestand nun darin, für jeden Testsatz anzugeben, ob er mit einem der zuvor gehörten Originalsätze identisch war oder nicht. Darüber hinaus sollten sie auf einer 5-Punkte-Skala den Grad der Sicherheit angeben, mit der sie ihr Urteil gefällt hatten. Ergebnis: Bei Rekognitionssätzen, die trotz Abweichung von den Originalsätzen mehrere Teilideen einer gemeinsamen Grundidee kombinierten, waren sich die Vpn relativ sicher, diese Sätze zuvor schon gehört zu haben. Der Grad der Sicherheit stieg dabei mit der Anzahl der Teilideen, die ein Rekognitionssatz von einer gemeinsamen Grundidee in sich vereinigte.

Zugleich unterschieden sich hierbei die Sicherheitsurteile kaum von den Urteilen, die bei Rekognitionssätzen gefällt wurden, die mit den Originalsätzen identisch waren. Ganz anders verhielt es sich bei Rekognitionssätzen, die Teilideen verschiedener Grundideen vereinigten. Hier waren sich die Vpn ganz sicher, diesen Satz zuvor nicht gehört zu haben. Die Verschiedenheit von Original- und Testsätzen konnten die Vpn also nur dann zuverlässig feststellen, wenn ein Rekognitionssatz Teilideen kombinierte, die verschiedenen Grundideen angehörten.

Interpretation: Die Vpn recodierten die zusammengehörigen Sätze zu einer übergeordneten Gedächtniseinheit. Diese satzübergreifenden Recodierprozesse wurden trotz der Tatsache vollzogen, daß die einzelnen Sätze in zufälliger Reihenfolge dargeboten wurden (vgl. auch Hupet & Le Bouedec 1977). Die übergeordneten Gedächtniseinheiten waren offensichtlich semantischer Natur, genauer: semantisch relationaler Natur. Denn am zuverlässigsten wurde ein Testsatz als »neu« zurückgewiesen, wenn er Teilideen verschiedener Grundideen miteinander kombinierte, obwohl er sich aus Wörtern zusammensetzte, die in den Originalsätzen verwendet worden waren, also keine neuen Wörter enthielt. Ein derartiger Testsatz unterschied sich von den Originalsätzen lediglich durch die Eigenart der semantischen Relationen: durch ihn wurden Wörter miteinander verknüpft, die die Vpn in anderer Weise miteinander verknüpft hatten.

Skeptisch stimmt dagegen der Befund, daß Testsätze, die mit den Originalsätzen semantisch übereinstimmten, syntaktisch jedoch davon abwichen, kaum von den Originalsätzen unterschieden werden konnten. Denn alle bisher diskutierten Untersuchungen haben folgendes gezeigt: Wenn Wörter oder Sätze zu übergeordneten Einheiten recodiert werden, können sie sowohl inhaltlich als auch vom Wortlauf her besser behalten werden als ohne derartige Recodierprozesse. Die Untersuchungen Moesers (1974) zeigen allerdings auch, daß in diesen Fällen die Gefahr eines Response-Sets groß ist (vgl. Kap. 4.2): Wenn es dem Rezipienten gelungen ist, einen Satz zu einer semantischen Einheit zu recodieren, tendiert er dazu, formale Satzveränderungen für irrelevant zu halten, solange dadurch die Satzbedeutung nicht verändert wird. Diese Gefahr besteht auch bei Texten, wie noch zu zeigen sein wird (vgl. Kap. 5.3.2).

5.2 Das Behalten konkreter und abstrakter Texte

Die bislang diskutierten Untersuchungen haben gezeigt, daß die bei der Textverarbeitung ablaufenden Recodierprozesse vom Prinzip her denjenigen entsprechen, die beim Behalten von Wörtern oder Sätzen vollzogen werden. Wenn dies so ist, sollte die Recodierung eines Textes vor allem dann sehr leichtfallen, wenn er einen konkreten, leicht vorstellbaren Sachverhalt beschreibt. Denn Derartiges hatte sich auch beim Behalten konkreter Wörter und Sätze gezeigt.

Daß diese Überlegungen zutreffen, zeigen Untersuchungen von Yuille & Paivio

(1969). Die Autoren verwendeten verschiedene Texte, die in Vorversuchen als konkret, als mäßig abstrakt oder als sehr abstrakt eingestuft worden waren. Jeder Text wurde auf zwei Arten dargeboten: Entweder sahen die Vpn die einzelnen Wörter in zufälliger oder in der im Text vorgesehenen Abfolge. Die Texte wurden zweimal dargeboten, wobei nach jeder Darbietung eine schriftliche Reproduktion erfolgte. Ergebnis: Am deutlichsten waren die textspezifischen Behaltensunterschiede ausgeprägt, nachdem die Texte das zweite Mal dargeboten worden waren. Hier wurden von den konkreten Texten mehr Wörter reproduziert als von den Texten, die mäßig oder sehr abstrakt waren. Das galt freilich nur dann, wenn die Wörter in einer dem Text entsprechenden Abfolge dargeboten wurden; in Zufallsfolge dargeboten, wurden alle drei Textarten annähernd gleich schlecht reproduziert.

Interpretation: Um satzübergreifende Gedächtniseinheiten bilden zu können, muß eine Vp zunächst in die Lage versetzt werden, einzelne Wörter zu einem Satz recodieren zu können. Durch die Zufallsabfolge der Wörter wurden die Recodierprozesse 1. Ordnung gestört, und zwar auch in den Fällen, in denen sich die Texte auf einen leicht vorstellbaren Sachverhalt bezogen. Denn die Abstraktheit oder Konkretheit eines Textes wurde nicht auf der Ebene einzelner Wörter beurteilt, sondern im Hinblick auf die Aussage des Gesamt-Textes. Diese Urteile betrafen also den Zusammenhang zwischen den einzelnen Sätzen, der jedoch erst dann hergestellt werden konnte, wenn die einzelnen Wörter in der adäquaten Abfolge dargeboten wurden, und damit Recodierprozesse 1. Ordnung vollzogen werden konnten. Unter diesen Umständen wurden konkrete Texte sehr viel besser behalten als mäßige oder sehr abstrakte Texte. Denn hier gelang es den Vpn leicht, satzübergreifende Gedächtniseinheiten zu bilden (Recodierprozesse 2. Ordnung).

Das soll jedoch nicht bedeuten, daß konkrete Texte prinzipiell anders verarbeitet werden als konkrete Wörter oder Sätze. Diese Ergebnisse zeigen lediglich, daß durch die Vorstellbarkeit einer Textaussage ein anderes Recodierstadium betroffen ist als durch die gute Vorstellbarkeit einzelner Wörter oder Sätze: Sofern Wörter einer Liste behalten werden sollen, von denen jedes einzelne einen konkreten Sachverhalt bezeichnet, werden diese trotz der guten Vorstellbarkeit noch nicht zwangsläufig zu *einem* Vorstellungsbild vereint, im Unterschied zu den Wörtern eines Satzes, dessen Aussage einen leicht vorstellbaren Sachverhalt beschreibt. Auch dies bedeutet jedoch nicht, daß verschiedene Sätze, die jeweils einen gut vorstellbaren Sachverhalt beschreiben, ohne weiteres zu einer Einheit integriert werden. Dies gilt erst dann, wenn die verschiedenen Sätze sich auf einen gemeinsamen, den einzelnen Sätzen übergeordneten Sachverhalt beziehen und dieser Sachverhalt gut vorstellbar ist.

Der Mechanismus allerdings, durch den Vorstellungen das Behalten sprachlichen Materials beeinflussen, ist in allen Fällen derselbe: Konkrete Wörter, Sätze oder Texte lassen sich leichter zu übergeordneten Gedächtniseinheiten recodieren als abstraktes Sprachmaterial, welches keine integrierenden Vorstellungen erlaubt. Dies bedeutet auch, daß konkrete und abstrakte Texte sich zwar in dem Grad ihrer Recodierbarkeit voneinander unterscheiden, jedoch in prinzipiell derselben Weise behalten werden. Diese Annahme ist zutreffend, wie eine Untersuchung von Franks & Bransford (1972) zeigt, die in derselben Weise wie die schon diskutierte Untersuchung von Bransford & Franks (1971, vgl. 5.1) durchgeführt wurde. Auch hier erhielten die Vpn eine Reihe von Sätzen dargeboten, von denen jede Satzgruppe eine einheitliche Grundidee nach Art von (23) repräsentierte.

(23) Die arrogante Attitüde, die in der Sprechweise zum Ausdruck kam, führte zu unmittelbarer Kritik.

Im Unterschied zu der Untersuchung von Bransford & Franks handelt es sich hierbei jedoch um Grundideen, die von Urteilern als sehr abstrakt eingestuft wurden. Im Anschluß an die Darbietung der Sätze erfolgte ein Rekognitionstest: Die Vpn erhielten Testsätze, die sie danach beurteilen sollten, ob sie mit den zuvor gehörten Originalsätzen identisch waren oder nicht. Einige Testsätze kombinierten Teilideen verschiedener Grundideen, andere Testsätze dagegen Teilideen derselben Grundidee, die zuvor in Form getrennter Sätze dargeboten worden waren; andere Testsätze wiederum stimmten mit den Originalsätzen syntaktisch und semantisch überein. Das Ergebnis dieser Untersuchung entsprach weitgehend den Befunden von Bransford & Franks (1971): Ein Testsatz, der Teilideen verschiedener Grundideen kombinierte, wurde mit großer Wahrscheinlichkeit als »neu« zurückgewiesen. Hier waren sich die Vpn ganz sicher, diesen Satz zuvor nicht gehört zu haben. Dagegen wurde ein Testsatz, der mit der Grundidee der zuvor gehörten Originalsätze übereinstimmte, als Originalsatz angesehen, und zwar auch dann, wenn er sich syntaktisch von den Originalsätzen unterschied.

Interpretation: Bemerkenswert ist die weitgehende Übereinstimmung dieser Befunde mit denjenigen von Bransford & Franks (1971), die konkrete Sätze verwendet hatten. Denn dies zeigt, daß beide Textarten in prinzipiell derselben Weise verarbeitet werden, nämlich relational oder integrativ: der Rezipient vollzieht während der Darbietung satzübergreifende Recodierprozesse auch dann, wenn die Sätze eine abstrakte »Grundidee« repräsentieren. Die Tatsache allerdings, daß syntaktische Differenzen zwischen Original- und Testsatz keinerlei Einfluß auf das Rekognitionsurteil ausüben, mag ebenso wie bei Bransford & Franks (1971) auf einen Response-Set zurückzuführen sein (vgl. Kapitel 5.1): Wenn es der Vp gelungen ist, Sätze zu einer semantischen Gedächtniseinheit zu recodieren, könnte sie syntaktische Abweichungen für irrelevant halten, sofern der Testsatz in seinen semantischen Relationen einer übergeordneten Gedächtniseinheit entspricht. Dennoch bleibt festzustellen, daß integrative Recodierprozesse auch bei abstrakten Texten vollzogen werden, wenngleich mit größerer Schwierigkeit als bei konkreten Texten.

5.3 Mechanismen semantischer Textorganisation

5.3.1 Koreferenz und Textkohäsion

Die in den letzten Kapiteln diskutierten Untersuchungen haben gezeigt, daß die Recodierung eines Textes als ein satzübergreifender semantischer Integrationsprozeß beschrieben werden kann: Der Rezipient versucht, zwischen den Wörtern eines Satzes und den Sätzen eines Textes semantische Relationen herzustellen, die als Recodierprozesse erster und zweiter Ordnung gekennzeichnet wurden.

Wovon hängt es nun ab, welche Wörter und Sätze in welcher Weise miteinander verknüpft werden? Textlinguistisch gesehen fragen wir damit nach denjenigen Faktoren, die für den Aufbau einer semantischen »Texttiefenstruktur« (Schmidt 1973) oder »Textbasis« (Kintsch 1974) verantwortlich sind. Nach Dressler (1972) — dessen Darstellung der Textlinguistik den folgenden Ausführungen zugrunde liegt — unterscheidet sich ein Text von einem Pseudo-Text im Sinne einer Ansammlung unverbundener Sätze durch die *semantische Kohäsion* seiner Sätze, genauer: Im Falle eines Textes wird der Rezipient dazu veranlaßt, zwischen einer

Abfolge von Sätzen eine semantische Kohäsion herzustellen. Eine derartige Kohäsion ist demnach als das Ergebnis von Verarbeitungsprozessen zu kennzeichnen, die in den vergangenen Kapiteln als Recodierprozesse gekennzeichnet worden sind. Nach Dressler ergibt sich eine semantische Kohäsion durch die Koreferenz einzelner Wörter oder Sätze: Dadurch, daß einzelne Textteile auf denselben, außersprachlichen Referenten verweisen, werden sie miteinander verknüpft und bilden somit eine semantische Einheit. Dies geschieht zunächst durch eine Rekurrenz, d. h. dadurch, daß in aufeinanderfolgenden Sätzen dasselbe Wort wiederholt wird, wie etwa in (24).

(24) Ich sah ein Auto. Das Auto war blau.

Durch das rekurrente Auftreten des Wortes *Auto* werden beide Sätze auf denselben Referenten bezogen und dadurch miteinander verknüpft. Diese Verknüpfungstendenz wird noch dadurch verstärkt, daß im Zusammenhang mit dem Wort *Auto* im Vorsatz der unbestimmte und im Nachsatz der bestimmte Artikel verwendet wird. Dies ist nach Dressler das Kennzeichen einer syntaktischen *Anaphora*, d. h. eines Rückverweises auf einen bereits zuvor angesprochenen Referenten. Durch den unbestimmten Artikel wird im vorangehenden Satz eine Objektklasse gekennzeichnet, auf die im Nachsatz durch den bestimmten Artikel rückverwiesen und dadurch zugleich ausgesagt wird, daß es sich um einen bestimmten Vertreter dieser Klasse handelt.

Ein weiteres Mittel, syntaktisch eine Anaphora zu kennzeichnen, besteht in der verwendung sog. Pro-Formen: Anstelle eines zuvor verwendeten Nomens wird ein Pronomen verwendet, wodurch gekennzeichnet wird, daß der Nachsatz sich auf denselben Referenten bezieht wie der Vorsatz. Dazu das folgende Beispiel (25).

(25) Ich sah ein Auto. Es war blau.

Eine andere Pro-Form stellen sog. Pro-Verben dar, in denen das in dem Vorsatz verwendete Verb durch ein allgemeineres Verb wie *machen* oder *tun* ersetzt wird, wie etwa in (26).

(26) Peter erschreckte Paul. Er tat dies ohne Absicht.

Daß Pronominalisierung sprachpsychologisch bedeutsam ist, zeigen die schon zitierten Untersuchungen von Lesgold (1972). Danach gehört sie zu den wirksamsten Mitteln, den Rezipienten zu veranlassen, mehrere Satzteile oder Sätze zu einer übergeordneten Gedächtniseinheit zu recodieren.

Eine semantische Kohäsion von Sätzen kann jedoch nicht nur anaphorisch, sondern auch kataphorisch erzeugt werden. Hierbei führen vorangehende Textteile beim Rezipienten zu bestimmten Erwartungen über das Nachfolgende; diese Textteile verweisen also nicht zurück, sondern nach vorn. Dies kann explizit durch die Verwendung von Ausdrücken wie *folgender, der folgende, siehe unten* geschehen, durch die Art der Wortstellung, indem etwa das Verb den Satzanfang bildet, aber auch durch die Interpunktion: Ein Doppelpunkt oder Semikolon läßt erwarten, daß der Satz fortgesetzt wird, und signalisiert darüber hinaus, daß der Folgesatz auf denselben Sachverhalt zu beziehen ist wie der vorangehende Satz.

Eine semantische Kohäsion einzelner Sätze kann freilich auch auf semantischem Wege erzeugt werden, indem in aufeinanderfolgenden Sätzen Wörter verwendet werden, die in einem Inklusions- oder Kontiguitätsverhältnis stehen. Ein semantisches Inklusionsverhältnis ist nach Dressler dann gegeben, wenn in einem Satz ein Wort verwendet wird, welches eine Objektklasse bezeichnet, und der andere Satz ein Beispiel dieser Objektklasse enthält.

Im Falle einer semantischen Kontiguität beziehen sich die Wörter auf verschiedene Referenten, die allerdings logisch miteinander zusammenhängen (vgl. 27).

(27) Ich *fuhr* auf der *Straße*. Da begann der *Motor* plötzlich zu stottern. Ich hielt das *Auto* an ...

Die Wörter *fahren, Straße, Motor* und *Auto* verweisen zwar auf verschiedene, jedoch inhaltlich eng zusammenhängende Sachverhalte: *Fahren* und *Straße* sind gleichsam definitorische Bestimmungsstücke eines Autos, während *Auto* und *Motor* im Verhältnis von Teil—Ganzes stehen. Dressler bezeichnet die semantischen Kontiguitätsbeziehungen als die schwächere Form semantischer Kohärenz, verglichen mit einer auf Koreferenz basierenden Kohärenz. —

Das Konzept der Koreferenz spielt auch in der semantischen Gedächtnistheorie von Kintsch (1972, 1974) eine zentrale Rolle. Die linguistischen Grundlagen dieses Ansatzes sollen hier so weit referiert werden, wie dies zum Verständnis des folgenden notwendig ist (siehe dazu ausführlicher Engelkamp 1976). Kintsch geht davon aus, daß man bei einem Text zwischen einer Oberfläche und einer semantischen Tiefenstruktur unterscheiden muß, die er Textbasis nennt: Wenn in der Textbasis derselbe Referent wiederholt angesprochen wird (Koreferenz), so kann dies — wie wir gesehen haben — an der Textoberfläche in unterschiedlicher Weise realisiert werden: Ein Referent kann durch seinen Eigennamen, durch ein Pronomen oder durch die Nennung der Klasse angesprochen werden, der er angehört. Es gibt jedoch auch Fälle, in denen der Referent an der Textoberfläche nicht explizit, sondern nur implizit angesprochen wird, etwa im Falle unvollendeter Äußerungen (sog. Ellipsen). Entscheidend für die Verarbeitung eines Textes ist nach Kintsch deshalb nicht seine Oberfläche, sondern seine semantische Textbasis. Diese Basis ist als ein relationales Gefüge aufzufassen, dessen Grundelemente sog. Prädikat-Argument-Strukturen oder *Propositionen* bilden, wie sie etwa der Konstruktion der von Bransford & Franks (1971) verwendeten Texte zugrunde lagen (vgl. Kapitel 5.1): Was dort als eine Teilidee bezeichnet wurde, entspricht nach der Konzeption von Kintsch (1972, 1974) einer Proposition. Unter einer Proposition ist also eine Art Elementarsatz zu verstehen, der sich aus Wortkonzepten zusammensetzt, denen an der Textoberfläche Wörter entsprechen. Kintsch unterscheidet dabei zwei Klassen von Wortkonzepten: Argumente auf der einen und Prädikate oder Relationen auf der anderen Seite. Argumente entsprechen in der Regel den Substantiven unserer Sprache, während Prädikate oder Relationen in der Regel den Verben entsprechen. Allerdings werden auch Adjektive als relationale Ausdrücke verwendet. Eine Proposition besteht demzufolge aus einer Relation, die ein oder mehrere Argumente umfaßt. Sie wird in der Schreibweise von Kintsch (1972, 1974) durch eine Klammer symbolisiert, deren erster Ausdruck der Relation und deren weitere Ausdrücke den Argumenten entsprechen. Darüber hinaus wird eine Proposition dadurch gekennzeichnet, daß die Klammerausdrücke in großen Buchstaben geschrieben werden. Dies symbolisiert, daß es sich nicht um Wörter der Satz- oder Textoberfläche handelt, sondern um Bedeutungskonzepte, die diesen Wörtern zugrunde liegen. Von diesen Konzepten nimmt Kintsch an, daß sie nichtsprachlicher Natur sind und die Wissensbestände des Individuums repräsentieren. Beispiele für einige Sätze und ihre propositionale Schreibweise:

(28) Der Vogel hat Federn. (HABEN, VOGEL, FEDERN).

(29) John schläft. (SCHLAFEN, JOHN).

(30) Das kleine Haus. (KLEIN, HAUS).

Die bisherige Diskussion hat jedoch gezeigt, daß ein Text mehr ist als nur eine Ansammlung von Sätzen oder Propositionen, die diesen Sätzen zugrunde liegen.

Entsprechend nimmt Kintsch satz- bzw. propositionsübergreifende Relationen an, welche die semantische Kohärenz der Textbasis bedingen, und die — ganz im Sinne Dresslers (1972) — auf einer Koreferenz basieren, nämlich auf dem rekurrenten Auftreten von Argumenten in der Textbasis. Dies bedeutet, daß dasselbe Argument in mehr als einer Proposition verwendet wird, wodurch sich eine Teilüberlappung von Propositionen ergibt. Diesen Sachverhalt symbolisiert Kintsch (1974, S. 13) dadurch, daß mehrere Propositionen durch das Symbol & miteinander verbunden werden. Dies sei an einem Beispiel (31) demonstriert, das der schon diskutierten Untersuchung von Bransford & Franks (1971) entnommen ist (vgl. Kapitel 5.1):

(31) Textoberfläche: Der Felsbrocken rollte den Berg herunter und krachte gegen die Hütte. Diese war winzig.
Textbasis: (HERUNTERROLLEN, FELSBROCKEN, BERG) & (GEGENKRACHEN, FELSBROCKEN, HÜTTE) & (WINZIG, HÜTTE).

In diesem Beispiel ergibt sich die semantische Kohärenz der Textbasis dadurch, daß die Argumente FELSBROCKEN und HÜTTE jeweils in zwei aufeinanderfolgenden Propositionen enthalten sind, die dadurch miteinander verknüpft werden. Zugleich wird deutlich, daß dieses rekurrente Auftreten von Argumenten an der Textoberfläche in unterschiedlicher Weise realisiert sein kann. —

Kehren wir nunmehr zum Ausgangspunkt dieses textlinguistischen Exkurses zurück: Gefragt wurde, von welchen Faktoren es abhängt, welche Wörter und Sätze eines Textes in welcher Weise semantisch miteinander verknüpft werden: Untersuchungen von Frase (1969), Bransford & Franks (1971), Schultz & Di Vesta (1972), Di Vesta et al. (1973) u. a. haben in diesem Zusammenhang folgendes gezeigt (vgl. Kapitel 5.1): Sätze, welche sich auf dasselbe Konzept beziehen, also etwa verschiedene Eigenschaften einer Nation beschreiben, werden zu einer Gedächtniseinheit recodiert. Derartige Recodierprozesse können dadurch erleichtert werden, daß die Situation leicht vorstellbar ist, die durch die einzelnen Sätze beschrieben wird (vgl. Kapitel 5.2). Textlinguistisch läßt sich dieser Sachverhalt wie folgt interpretieren: Sätze oder Propositionen, die sich auf denselben Referenten beziehen (Koreferenz), werden semantisch miteinander verknüpft. Diese Koreferenz wird indiziert, wenn dasselbe Wort in aufeinanderfolgenden Sätzen enthalten ist, durch Pronominalisierung zuvor verwendeter Nomen, durch die Art der Interpunktion, aber auch durch die semantischen Eigenarten der Wörter selbst: Bestimmte Wörter stehen »natürlicherweise« (vgl. Beispiel 27) in einem inhaltlichen Zusammenhang, wodurch der Rezipient dazu veranlaßt wird, auch die Sätze in einen Zusammenhang zu bringen, in denen diese Wörter eingebettet sind. Die semantische Kohärenz einzelner Textpropositionen kann an der Textoberfläche also auf unterschiedliche Weise realisiert sein. Dies macht verständlich, warum in der Untersuchung von Bransford & Franks (1971) die syntaktische Verschiedenheit von Originalsätzen und Testsätzen in den Fällen irrelevant war, in denen diese zu semantisch äquivalenten Textbasen recodiert wurden. Dies war beispielsweise bei den folgenden Sätzen (32 a bis c) gegeben:

(32a) Der Felsbrocken rollte den Berg herunter. Der Felsbrocken krachte gegen die winzige Hütte.

(32b) Der Felsbrocken rollte den Berg herunter und krachte gegen die winzige Hütte.

(32c) Der Felsbrocken rollte den Berg herunter. Er krachte gegen die Hütte. Die Hütte war winzig.

(32d) (HERUNTERROLLEN, FELSBROCKEN, BERG) & (GEGENKRACHEN, FELSBROCKEN, HÜTTE) & (WINZIG, HÜTTE).

Die semantische Äquivalenz dieser Sätze zeigt sich daran, daß sie trotz ihrer unterschiedlichen Oberflächenstruktur eine identische Propositionsstuktur aufweisen. Deshalb kann es nicht verwundern, daß die Vpn unter diesen Umständen zwischen Original- und Testsätzen trotz deren syntaktischer Verschiedenheit keinen Unterschied machten. Sofern allerdings die syntaktische Verschiedenheit dazu führte, daß die Testsätze in einer von den Originalsätzen abweichenden Art recodiert wurden und sich die diesbezüglichen Textbasen deshalb unterschieden, fiel dieser Unterschied den Vpn sofort ins Auge, wie die Untersuchungen von Bransford & Franks (1971) zeigen. Dies war dann gegeben, wenn die den Testsätzen zugrunde liegenden Propositionen durch Pronominalisierung oder durch die Verwendung von Konjunktionen auf denselben Referenten bezogen wurden, obwohl sie im Falle der Originalsätze auf verschiedene Referenten verwiesen und damit verschiedenen Gedächtniseinheiten angehörten.

5.3.2 Zur Rolle der Syntax

Die semantische Kohäsion eines Textes basiert nach den im letzten Kapitel dargestellten textlinguistischen Ansätzen auf der Koreferenz einzelner Textteile: Diese werden zu einer semantischen Einheit verknüpft, indem sie vom Rezipienten auf denselben Sachverhalt (Referenten) bezogen werden. Hierbei hat die Syntax eine wichtige Aufgabe zu erfüllen. Denn sie zeigt, wie diese Koreferenz zu vollziehen ist, so daß verständlich wird, warum das Behalten eines Textes davon abhängt, in welcher Abfolge die einzelnen Textteile dargeboten werden (vgl. Kapitel 5.1): Sofern die Wörter oder Sätze eines Textes in Zufallsfolge dargeboten werden, kann die Syntax ihre Recodierfunktion nicht mehr erfüllen. Ähnliches gilt, wenn die syntaktische Struktur dem semantisch-logischen Zusammenhang der Propositionen zuwiderläuft. Auch unter diesen Umständen hat der Rezipient Mühe, die einzelnen Textteile semantisch zu verbinden, wie eine Untersuchung von Kintsch & Monk (1972, zitiert nach Kintsch, 1974) zeigt.

Hier erhielten die Vpn Texte dargeboten, die in ihrer semantischen Textbasis übereinstimmten, sich jedoch an der »Oberfläche«, d. h. in ihrer syntaktischen Komplexität voneinander unterscheiden. Verschiedenen Textversionen lag also dieselbe Anzahl von Propositionen zugrunde. In einer syntaktisch einfachen Version wie (33a) wurden diese Propositionen jedoch durch mehrere Sätze repräsentiert, während sie im Falle einer komplexen Textversion wie (33b) in Form eines einzigen Satzes dargeboten wurden.

(33a) *Einfache Textversionen:* In dem Land Syndra trat der Ältestenrat immer dann zusammen, wenn ein Fremder kam. Wenn sich der Ältestenrat traf und der Fremde dem Rat ein angemessenes Geschenk überreichte, wurde er von den Eingeborenen nicht behelligt. Der Forscher Portemanteau kam ohne ein wertvolles Geschenk nach Syndra.

(33b) *Komplexe Textversion:* Die Ankunft von Fremden in dem Lande Syndra, wie dem Forscher Portemanteau, der ohne ein wertvolles Geschenk kam, führte stets dazu, daß sich der Ältestenrat traf, um dafür Sorge zu tragen, daß der Fremde nicht behelligt wurde, wenn er dem Rat ein angemessenes Geschenk überreichte.

(33c) *Testfrage:* Wurde Portemanteau von den Eingeborenen behelligt? — Richtige Antwort: Ja.

Die Dauer, mit der ein derartiger Text dargeboten wurde, konnte dabei von einem Teil der Vpn selbst bestimmt werden. Allerdings wurde die Lesezeit registriert, da es interessierte, ob diese durch die Oberflächenstruktur der Texte beeinflußt wurde. Nachdem die Vpn den Text gelesen hatten, erhielten sie eine Textfrage wie (33c) vorgelegt. Diese konnten sie nur dann richtig beantworten, wenn sie die einzelnen Textpropositionen zuvor semantisch integriert hatten. Auch hier wurde wiederum die Zeit registriert, die verging, bis die Vpn die Testfrage richtig beantworten konnten.

Ergebnis: Bei einer syntaktisch einfachen Textversion wurden sehr viel kürzere Lesezeiten benötigt als bei einer syntaktisch komplexen Textversion. Die Abschlußfragen wurden jedoch bei beiden Versionen annähernd gleich schnell beantwortet.

Interpretation: Die Recodierung eines syntaktisch komplexen Textes erfordert mehr Lesezeit als die Recodierung eines syntaktisch einfachen Textes. Denn im letzten Fall ist es einfacher als im ersten Fall, die durch die Syntax indizierten semantischen Relationen nachzuvollziehen. Sofern jedoch genügend Lesezeit zur Verfügung steht, werden bei beiden Textversionen semantisch äquivalente Textbasen erstellt. Entsprechend können die Schlußfragen in beiden Fällen gleich schnell beantwortet werden.

Ist allerdings die Lesezeit begrenzt, wie dies bei den meisten Experimenten dieser Art der Fall ist, kann man erwarten, daß syntaktisch verschiedene Texte auch dann unterschiedlich verarbeitet werden, wenn ihnen dieselbe Textbasis zugrunde liegt. Dies gilt vor allem dann, wenn durch die syntaktische Struktur nicht eindeutig festgelegt ist, in welcher Weise die einzelnen Textteile zu integrieren sind. Werden beispielsweise mehrere Propositionen in einem Satz dargeboten, liegt ihre Verknüpfung zu einer Einheit näher als in der Situation, in der jede Proposition in Form eines gesonderten Satzes dargeboten wird. Es ist deshalb entgegen der Ansicht von Katz, Atkeson & Lee (1974) und Flagg (1976) mit einem semantischen Integrationsmodell durchaus vereinbar, daß unterschiedliche syntaktische Realisierungen eines Textes unterschiedliche semantische Integrationsprozesse zur Folge haben.

Die Annahmen von Bransford & Franks (1971) und Franks & Bransford (1972), gegen die sich jene Autoren wenden, sind allerdings weitgehender: Danach werden die syntaktischen Satzstrukturen vergessen, wenn die Sätze zu einer semantisch kohärenten Textbasis recodiert worden sind und die Syntax ihre semantische Funktion erfüllt hat. Die Autoren begründen dies mit den Ergebnissen ihrer Untersuchungen, die folgendes gezeigt haben (vgl. Kapitel 5.1 und 5.2): Sofern Testsätze und Originalsätze dieselbe propositionale Struktur aufweisen, werden sie trotz syntaktischer Unterschiede miteinander verwechselt. Eine derartige Verwechslung ist um so wahrscheinlicher, je mehr Propositionen ein Testsatz von inhaltlich zusammengehörigen Originalsätzen in sich vereint. Angesichts der Untersuchungen von Katz (1973), Tzeng (1975) und Soli & Balch (1976) ist jedoch anzunehmen, daß dieses Ergebnis auf einem Artefakt beruht: Danach können Vpn zwischen Original- und Testsätzen syntaktische Differenzen auch dann feststellen, wenn diese semantisch übereinstimmen. Allerdings nennen sie derartige Unterschiede nur dann, wenn sie dazu angehalten werden, die *exakte* Übereinstimmung zwischen den Sätzen zu beurteilen (ähnlich Moeser 1974, vgl. Kapitel 4.2). Man kann deshalb annehmen, daß die Befunde von Bransford & Franks auf einer Art Response-Set basieren: Wenn es der Vp gelungen ist, die einzelnen Propositionen zu einer semantisch kohärenten Textbasis zu integrieren, tendiert sie dazu, formale Unterschiede zwischen Text- und Originalsätzen zu vernachlässigen. Diese Unterschiede werden zwar bemerkt, angesichts der inhaltlichen Übereinstimmung jedoch als irrelevant angesehen, es sei denn, die Vp wird ausdrücklich dazu angehalten, jede Form einer Abweichung zu vermerken.

Wenn aber die Vpn in der Lage sind, formale Differenzen zwischen den Original- und Testsätzen ebenso zu erkennen wie inhaltliche Differenzen, so folgt daraus, daß formale Satzinformationen prinzipiell nicht schlechter behalten werden als semantische Informationen. Diese Annahme wird durch Untersuchungen von Begg & Wickelgren (1974) gestützt, die das Behalten semantischer und syntaktischer Satzinformationen in Abhängigkeit von der Länge des Behaltensintervalls überprüften.

Ergebnis: Semantische Satzinformationen wurden zwar von vornherein besser behalten als syntaktische Informationen; jedoch ergaben sich für beide Informationsarten dieselben Vergessensraten. Entgegen den Annahmen von Sachs (1967, 1974) und Craik & Lockhart (1972) wurden syntaktische Informationen also nicht schneller vergessen als semantische Informationen.

Dieser Befund läßt folgendes vermuten: Während der Darbietung eines Satzes oder Textes bemüht sich eine Vp vor allem darum, den Satz- oder Textinhalt zu erfassen. Die syntaktischen Satzinformationen werden dabei nur unvollständig analysiert, nämlich nur so weit, wie dies notwendig ist, um zwischen den einzelnen Wörtern und Sätzen semantische Relationen herzustellen (vgl. dazu auch Rosenberg & Schiller 1971). Wenn aber der Rezipient die formalen Satzinformationen im Unterschied zu den semantischen Relationen nur unvollständig zur Kenntnis genommen hat, kann er diese auch nur unvollständig reproduzieren. Dies mag einer der Gründe dafür sein, daß Sätze oder Texte eher sinngemäß als wörtlich reproduziert werden. Ein weiterer Grund dafür könnte in dem schon erwähnten Response-Set (vgl. Kap. 4.2) liegen: Die Vpn legen auf eine sinngemäß richtige Reproduktion größeren Wert als auf eine wörtliche Reproduktion und lassen deshalb syntaktisch-formale Textmerkmale ungenutzt, obwohl sie einen Teil davon ebenfalls gespeichert haben. Schließlich mag dabei auch der Faktor der Gewohnheit eine Rolle spielen: Sofern ein dargebotener Text von dem Vokabular und dem syntaktischen Regelsystem abweicht, welches der Rezipient präferiert, tendiert er dazu, den Text »in eigenen Worten« zu reproduzieren und damit in Abweichung vom Originaltext (vgl. dazu Siddiqi & Wintermantel 1977).

5.3.3 Ein Modell zur Beschreibung semantischer Textstrukturen: Die Story Grammar

Die bislang diskutierten Untersuchungen legen es nahe, die Recodierung eines Textes als einen satzübergreifenden semantischen Integrationsvorgang aufzufassen. Hierbei übernehmen die syntaktischen Textstrukturen eine wichtige Funktion: Sie kennzeichnen, welche Textteile in welcher Weise miteinander in Beziehung zu setzen sind. Die Art dieser Beziehungen ist jedoch semantischer Natur, so daß es semantische Strukturen sind, die bei der Verarbeitung von Texten im Vordergrund stehen. Wie ein Rezipient diese Strukturen aufbaut, zeigen die textlinguistischen Ansätze von Dressler (1972) und Kintsch (1974): Danach werden einzelne Propositionen dadurch miteinander verknüpft, daß sie auf denselben Referenten verweisen. In welcher Beziehung Referent und Proposition stehen, spielt bei diesen Ansätzen allerdings keine Rolle, da hierbei eine Art mechanistisches Assoziationsprinzip zugrunde gelegt wird: Damit zwischen den einzelnen Propositionen eines Textes eine Verbindung entsteht, genügt es, wenn sie in zeitlicher Kontiguität mit demselben Referenten verarbeitet werden (siehe dazu auch Anderson & Bower 1973).

Im Unterschied dazu werden in neueren texttheoretischen Ansätzen verschiedene Arten von Relationen angenommen, die zwischen Propositionen bestehen können. Hierzu gehören etwa Ansätze von Schank (1972, 1975) oder Frederiksen (1975a), die allerdings den Nachteil haben, so differenziert zu sein, daß sie kaum noch überschaubar sind. Dies gilt jedoch nicht für Modelle von Thorndyke (1977) und Mandler & Johnson (1977), die als vereinfachte Versionen der vom Rumelhart (1975) entwickelten Story Grammar gelten können. Darauf soll im folgenden näher eingegangen werden, wobei wir uns an der — empirisch bereits bewährten — Version von Thorndyke (1977) orientieren (siehe dazu auch Bower 1976).

Textgrammatiken dieser Art sind scheinbar mit einem Nachteil behaftet: Sie gelten nur für bestimmte Textsorten, nämlich für Märchen und Fabeln, die eine einfache, klar erkennbare Struktur aufweisen und deshalb leicht verständlich sind. Gerade dies ist es jedoch, was diese Modelle so interessant macht. Denn Märchen und Fabeln wurden über viele Generationen hinweg mündlich überliefert, wobei der jeweilige Erzähler auf sein Gedächtnis angewiesen war. Diese Geschichten unterlagen damit einem fortwährenden Selektionsprozeß, durch den unwichtige Textteile weggelassen und unlogische Textteile so umgedeutet wurden, daß sie der Logik des Gesamttextes entsprachen. Demzufolge kann man mit Bartlett (1932) und Bower (1976) annehmen, daß sich in den semantischen Strukturen dieser Geschichten die Eigenarten des menschlichen Gedächtnisses in geradezu idealer Weise widerspiegeln, da sie nur solche Textinformationen enthalten, die diesen gleichsam Darwinistischen Selektionsprozeß überstanden haben.

Das Individuum erwirbt diese Textstrukturen nach Art eines Begriffsbildungsprozesses: Ständig mit derartigen Geschichten konfrontiert, bauen sich in seinem Gedächtnis allgemeine Verständnisschemata auf, mit deren Hilfe neue Geschichten rezipiert und produziert werden können (Bower 1976). Dies ist auch der Grund, warum diese Modelle Textgrammatiken genannt werden: Sie sind an keine bestimmten Inhalte gebunden, da sie die Strukturen einer ganzen Klasse von Texten beschreiben. Darüber hinaus können mit ihrer Hilfe neue Texte erzeugt werden, wie es mit Hilfe des Regelsystems der generativen Grammatik Chomskys (1965) möglich ist, unendlich viele, grammatisch korrekte Sätze zu erzeugen. Ein weiteres Kennzeichen dieser Textgrammatiken besteht darin, daß sie in stärkerem Ausmaß empirisch begründet sind als andere Theorien dieser Art: Sie sind als das Ergebnis eines Vergleichs anzusehen, der zwischen Texten vorgenommen worden ist, von denen man annehmen kann, daß sie Strukturen des menschlichen Gedächtnisses besonders deutlich widerspiegeln. —

Die Regeln einer Story Grammar haben die Form von Ersetzungsregeln, mit deren Hilfe sich ein Text in hierarchisch organisierte Einheiten zerlegen läßt. In Tabelle 1 ist ein derartiges Regelsystem in der von Thorndyke (1977) vorgelegten Version wiedergegeben; Tabelle 2 zeigt ein Textbeispiel, dessen semantische Struktur mit Hilfe dieses Regelsystems analysiert und in Figur 4 in Form eines hierarchischen Baumdiagramms dargestellt ist. Die Ziffern dieses Baumdiagramms kennzeichnen die einzelnen Textpropositionen, die in Tabelle 2 nach ihrem zeitlichen Auftreten an der Textoberfläche aufgeführt sind.

Die 1. Regel der Story Grammar besagt, daß eine Geschichte aus den Hauptteilen Setting (Handlungsrahmen), Thema, Plot (Haupthandlung) und Resolution

Tabelle 1: Regelsystem der Story Grammar in der Version von Thorndyke (1977)

1.	STORY	⟶	SETTING + THEME + PLOT + RESOLUTION
2.	SETTING	⟶	CHARACTERS + LOCATION + TIME
3.	THEME	⟶	(EVENT)* + GOAL
4.	PLOT	⟶	EPISODE*
5.	EPISODE	⟶	SUBGOAL + ATTEMPT* + OUTCOME
6.	ATTEMPT	⟶	{ EVENT* { EPISODE
7.	OUTCOME	⟶	{ EVENT* { STATE
8.	RESOLUTION	⟶	{ EVENT { STATE
9.	SUBGOAL GOAL	⟶	DESIRED STATE
10.	CHARACTERS LOCATION TIME	⟶	STATIVES

⟶ bedeutet, daß der links vom Pfeil stehende Ausdruck durch den rechtsstehenden ersetzt werden kann.

* kennzeichnet, daß es sich um ein oder mehrere Ereignisse handeln kann (nähere Erläuterungen siehe Text!).

Tabelle 2: Textbeispiel von Thorndyke (1977; die Ziffern kennzeichnen die einzelnen Propositionen und deren Abfolge an der Textoberfläche):

(1) Circle Island liegt inmitten des Atlantischen Ozeans, (2) nördlich von Roland Island. (3) Betrieben wird auf dieser Insel hauptsächlich Ackerbau und Viehzucht. (4) Denn Circle Island hat einen fruchtbaren Boden, (5) allerdings nur wenige Flüsse, (6) so daß das Wasser knapp ist. (7) Die Insel wird demokratisch regiert: (8) Alle Angelegenheiten werden per Mehrheitsbeschluß der Inselbewohner geregelt. (9) Die Regierung wird durch einen Senat gebildet, (10) dessen Aufgabe es ist, den Willen der Mehrheit auszuführen. (11) Kürzlich entdeckte ein einheimischer Wissenschaftler eine billige Methode, (12) Salzwasser in Süßwasser zu verwandeln. (13) Dies hatte zur Folge, daß die Inselfarmer (14) einen Kanal durch die Insel hindurchziehen wollten, (15) um sein Wasser dazu zu benutzen, (16) die zentrale Region der Insel zu kultivieren. (17) Sie gründeten deshalb eine Kanalgesellschaft (18) und überredeten einige Senatoren (19) zur Mitgliedschaft. (20) Die Gesellschaft brachte einen Konstruktionsvorschlag zur Abstimmung, (21) an der sich alle Inselbewohner beteiligten. (22) Die Mehrheit stimmte für diesen Vorschlag, (23) doch entschied der Senat, (24) daß der von den Farmern vorgeschlagene Kanal ökologische Schäden verursachen würde. (25) Deshalb kam der Senat überein, (26) einen weniger breiten Kanal zu bauen, (27) mit einer Breite von lediglich 2 Fuß und einer Tiefe von 1 Fuß. (28) Nachdem man jedoch mit dem Bau begonnen hatte, (29) mußte man feststellen, (30) daß in diesem Kanal kein Wasser fließen würde, (31) so daß das Projekt fallengelassen wurde. (32) Wegen dieses Fehlschlages (33) waren die Farmer sehr aufgebracht. (34) Ein Bürgerkrieg schien unausweichlich.

(Lösung) besteht. Darin ist zugleich eine zeitliche Abfolge inpliziert: Nach den Experimenten von Thorndyke (1977) ist eine Geschichte dann besonders leicht zu behalten, wenn die 4 Haupteinheiten in der genannten Reihenfolge behandelt werden (vgl. Kapitel 5.3.4). Dies bedeutet, daß zu Beginn des Textes (oder in seiner Überschrift) zunächst die Hauptcharaktere sowie Ort und Zeitpunkt der

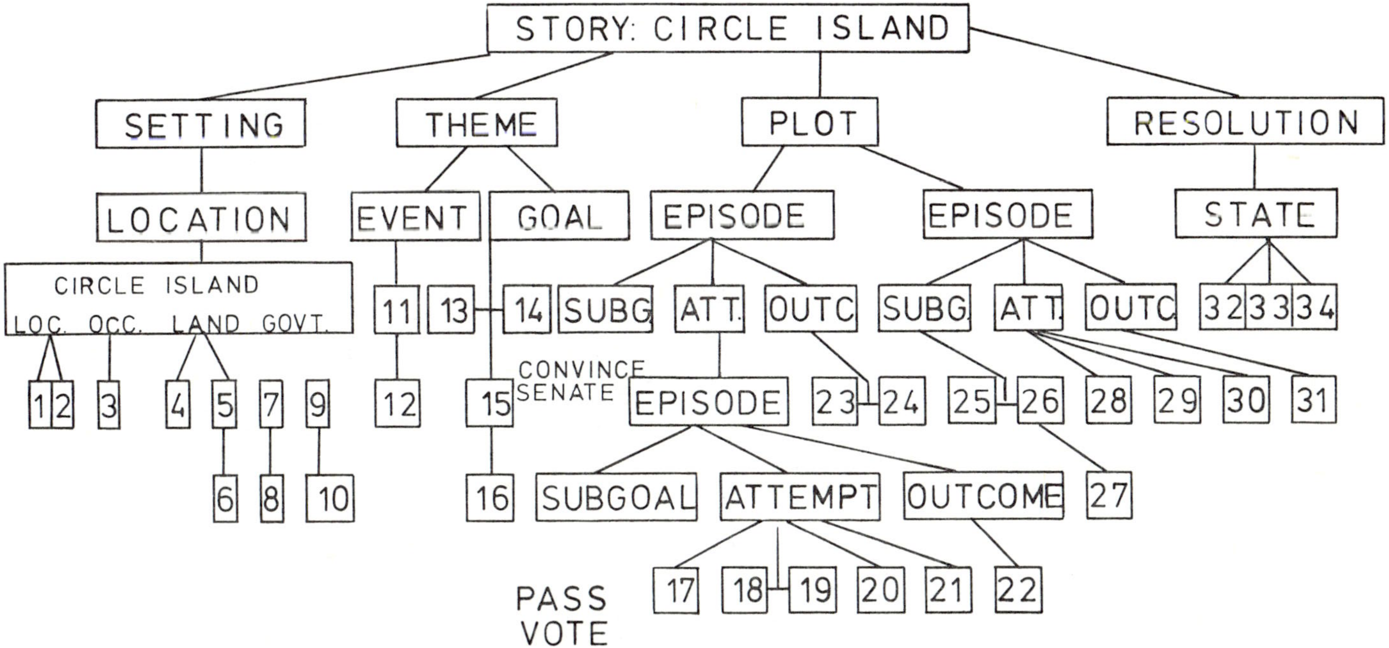

Figur 4: Hierarchische Struktur der Geschichte »Circle Island« nach Thorndyke (1977). Die Ziffern kennzeichnen die Propositionen von Tabelle 2; ihre Anordnung ergibt sich nach dem Regelsystem von Tabelle 1.

Handlung vorgestellt werden, was zusammengenommen das Setting konstituiert (Regel 2). Tatsächlich beginnen Märchen überlicherweise wie folgt: »Vor vielen Jahren lebte ein König in einem prächtigen Schloß. Dieser König hatte eine schöne Tochter . . .«. In dem Beispieltext von Thorndyke wird das Setting durch die Propositionen 1 bis 10 gebildet (vgl. Tab.2): Sie beschreiben die geographische Lage der Insel und ihre für den Handlungsablauf wichtigen strukturellen Gegebenheiten. Zugleich ergibt sich daraus das Textthema, welches in dem Beispieltext durch die Propositionen 11 bis 16 gebildet wird. Regel 3 besagt, daß dieses Thema durch ein Ereignis und ein Ziel (Goal) bestimmt wird, welches sich der oder die Protagonisten setzen, zumeist als Reaktion auf dieses Ereignis. Dabei kann es sich auch um mehrere Ereignisse handeln, was durch ein Sternchen symbolisiert wird. Um das Handlungsziel zu erreichen, vollziehen die Protagonisten Handlungen (Plot), die aus einer oder mehreren Episoden bestehen können, symbolisiert wiederum durch ein Sterchen (Regel 4). Die Episoden, die dem Hauptziel im Sinne instrumenteller Handlungseinheiten untergeordnet sind, bestehen aus einem Zwischenziel (Subgoal), dem Versuch (Attempt), dieses Zwischenziel zu erreichen, und einem diesbezüglichen Handlungsergebnis (Outcome), welches u. U. den Ausgangspunkt für weitere Episoden bildet (Regel 5). In dem Beispieltext versuchen die Farmer ihr Ziel, einen Bewässerungskanal zur Kultivierung der zentralen Inselregion zu erhalten, durch die Gründung einer Kanalgesellschaft zu erreichen (Attempt), mit dem Zwischenziel, die Mehrheit für den Plan zu gewinnen, was ihnen tatsächlich auch gelingt (Outcome). Dieses Zwischenziel wird allerdings nicht expliziert, sondern muß erschlossen werden. Ein derartiges Handlungsergebnis entspricht freilich noch nicht der Resolution, da die Senatoren einen Alternativvorschlag einbringen, der Anlaß für eine weitere Episode ist: ein weiteres Handlungsziel wird definiert, ein Versuch unternommen, dieses Ziel zu erreichen usw. Bei dem Hauptziel, welches das Thema bildet, und den Zwischenzielen, die dem Hauptziel untergeordnet sind, handelt es sich — psychologisch betrachtet — um Handlungsmotive, die durch Regel 9 als erwünschte Zustände definiert werden. Werden die Zwischenziele erreicht, ist dies das Resultat (Outcome) von Bemühungen (Attempts; Regel 7); wird das Hauptziel erreicht oder endgültig nicht erreicht, entspricht dies der Resolution als der Quintessenz der Geschichte (Regel 9): ». . . sie waren glücklich und zufrieden bis an ihr Lebensende«, oder im Falle des Inseltextes: »Ein Bürgerkrieg schien unausweichlich«. —
Soweit die wichtigsten Regeln der Story Grammar in der Version von Thorndyke (1977), die hier aus zwei Gründen vorgestellt wurden:

1. Sie ist als ein Versuch zu werten, die semantische Struktur einer bestimmten Textsorte zu beschreiben, von der man annehmen kann, daß sie die Charakteristiken des Sprachgedächtnisses besonders deutlich widerspiegelt.
2. Sprachpsychologisch interessant ist die Story Grammar jedoch vor allem deshalb, weil sie als Explikation der Regeln angesehen werden kann, nach denen ein Text produziert und rezipiert wird. Anzunehmen ist also, daß der Rezipient eines derartigen Textes die einzelnen Propositionen in der Weise organisiert, wie dies von der Story Grammar beschrieben wird.

Betrachtet man dieses Regelsystem daraufhin genauer, so fällt auf, daß es keine Sprachstrukturen, sondern Handlungsstrukturen beschreibt. Man ist deshalb versucht, die Story Grammar als Teil eines allgemeinen Handlungsmodells zu interpretieren. Denn »Ziele« und »Zwischenziele«, »instrumentelle Handlungen« usw.

stehen beispielsweise auch im Mittelpunkt des bekannten Handlungsmodells von Miller, Galanter & Pribram (1960). Verbindungen ergeben sich darüber hinaus zur Motivationspsychologie. Hier werden Bedürfnisse, Handlungspläne oder Kausalattributionen eines Individuums vor allem anhand sprachlicher Leistungen erfaßt: Man fordert beispielsweise ein Individuum auf, einen Text zu produzieren, der eine unstrukturierte Situation beschreibt, und benutzt diesen Text dazu, die für den Textproduzenten charakteristischen Bedürfnisse und Handlungsabsichten zu diagnostizieren (Heckhausen 1963). Dies führt zu der interessanten Spekulation, Textstrukturen als sprachliches Abbild allgemeiner Handlungsstrukturen anzusehen. Die Art und Weise, wie ein Individuum die einzelnen Textteile semantisch organisiert, könnte demzufolge der Logik entsprechen, wie dieses Individuum Handlungen wahrnimmt oder vollzieht (siehe dazu auch Herrmann & Laucht 1977). —
Über die Art dieser Textorganisation erlaubt die Story Grammar u. a. die folgenden Vorhersagen:

1. Ein im Sinne der Story Grammar idealer Text enthält jede der dort vorgesehenen strukturellen Einheiten. Ein Text ist deshalb um so unverständlicher und schlechter zu behalten, je mehr dieser Einheiten fehlen.
2. Ein Text ist dann besonders gut zu behalten, wenn seine Einheiten an der Textoberfläche in der in Tabelle 1 genannten Reihenfolge auftreten. Bevor also einzelne Zwischenziele und Episoden geschildert werden, sollte zunächst das Thema, d. h. das Hauptziel genannt werden, welches die Protagonisten verfolgen. Denn auf diese Weise wird der instrumentelle Charakter der einzelnen Episoden deutlich und damit die Art der Kausalrelationen, die zwischen den einzelnen Episoden bestehen. Denn ein Verständnis dieser Kausalrelation ist nach Rumelhart (1975) eine notwendige Voraussetzung für ein adäquate Textorganisation.
3. Geschichten sind hierarchisch organisiert, weil einzelne Textteile von unterschiedlicher strukturellen Bedeutung sind, wie dies in Figur 4 zum Ausdruck kommt: Danach sind Textpropositionen, welche eine hohe Hierarchie-Ebene einnehmen, wichtiger als Propositionen einer niedrigeren Hierarchie-Ebene. Propositionen, welche das Thema konstituieren, sind also wichtiger als Propositionen, welche einer dem Hauptziel untergeordnete Episode entsprechen.
Die Annahme einer Texthierarchie hat zwei Implikationen:
3.1 Sofern bestimmte Teile in einem Text fehlen, ist das Textverständnis um so weniger gestört, je unwichtiger diese Textteile sind. Deshalb ist es möglich, Textzusammenfassungen zu erstellen, die lediglich die wichtigsten Textinformationen enthalten. Zugleich unterscheidet nach Rumelhart (1975) gerade dies einen Text von einem Nicht-Text. Derartige Zusammenfassungen sind deshalb möglich, weil ein Teil der Kausalbeziehungen, die einer Handlungssequenz zugrunde liegen, an der Textoberfläche ungenannt bleiben können, da sie der Leser ohne weiteres erschließen kann (siehe dazu die Summationsregeln von Rumelhart 1975).
3.2 In gedächtnispsychologischer Hinsicht läßt die Annahme einer Texthierarchie erwarten, daß die strukturell wichtigen Textteile besser behalten werden als die weniger wichtigen Textteile.

Ein Teil dieser Annahmen kann bereits durch die in Kapitel 5.1 diskutierten Untersuchungen als bestätigt gelten: Danach wird ein Text um so schlechter behalten, je weniger die Darbietung der einzelnen Textteile mit der in dem Text vorgesehenen Abfolge übereinstimmt. Dies ist deshalb so, weil unter diesen Umständen die Handlungsstruktur, die dem Text zugrunde liegt, zunehmend schlechter zu erkennen ist. Denn durch eine derartige Darbietungsfolge wird auch die syntaktische Struktur zerstört, welche bei einem intakten Text kennzeichnet, in welcher Weise die einzelnen Textteile semantisch zu verbinden sind.

Dies impliziert die Annahme, daß ein Text in der Weise semantisch organisiert wird, wie dies von der Textgrammatik beschrieben wird. Eine Untersuchung von Gentner (1976) zeigt, daß diese Annahme zutreffend ist. Hier hörten die Vpn insgesamt viermal einen Text, der die Geschichte Amerikas behandelte. Nach jeder Darbietung sollten die Vpn das Behaltene mündlich reproduzieren. Überprüft wurde dabei, inwieweit die Vpn bei der Reproduktion der seriellen Textstruktur folgten, d. h. die einzelnen »Fakten« nach ihrem zeitlichen Auftreten an der Textoberfläche reproduzierten, oder in einer Abfolge, wie sie die Story Grammar erwarten läßt. Als ein »Faktum« wurden diejenigen Textteile gewertet, die durch die Story Grammar als »Setting«, »Goal« usw. denfiiert wurden. Hierbei handelte es sich also um Einheiten, die unter Umständen aus mehreren Propositionen bestanden. Ergebnis: Je häufiger ein Text dargeboten wurde, um so mehr Fakten wurden reproduziert. Zugleich änderte sich mit der Textwiederholung die Abfolge, in der dies geschah: Zunächst entsprach die Reproduktion weitgehend der seriellen Textstruktur; die einzelnen Fakten wurden also in der Reihenfolge reproduziert, in der sie dargeboten wurden. Wurde ein Text jedoch häufiger dargeboten, wich die Reproduktionsfolge der Fakten zunehmend von der Darbietungsfolge ab und entsprach immer mehr der Abfolge, die durch die Story Grammar nahegelegt wird. Zugleich wurden unter diesen Umständen zunehmend mehr Fakten reproduziert.

Interpretation: Das Behalten eines Textes basiert auf satzübergreifenden Recodierprozessen, durch die einzelne Textteile nach ihrer inhaltlichen Zusammengehörigkeit zu umfassenderen Einheiten integriert werden. Sofern einzelne Textteile nicht nach ihrer inhaltlichen Zusammengehörigkeit dargeboten werden, bedeutet dies eine Erschwerung dieser Recodierprozesse, so daß ein Text unter diesen Umständen mehrfach dargeboten werden muß. Dadurch können Recodierprozesse höherer Ordnung vollzogen werden, was sich in der schon bekannten Weise zeigt: die Vpn reproduzieren den Text zunehmend vollständiger, und zwar in der Abfolge, wie dies den von ihnen gebildeten Gedächtniseinheiten entspricht. Deshalb weichen sie bei der Reproduktion an den Stellen von der Darbietungsfolge ab, wo dies der inhaltlichen Zusammengehörigkeit der Teile widerspricht (Clustering höherer Ordnung).

Die bei der Textverarbeitung ablaufenden semantischen Recodierprozesse entsprechen damit vom Prinzip her denjenigen, die bei der Recodierung von Wörtern und Sätzen vollzogen werden. Wenn dies so ist, sollten hierbei bestimmte Textteile die Funktion von Organisationskernen übernehmen. Welche Textteile dies sind, zeigen die im folgenden Kapitel diskutierten Untersuchungen.

5.3.4 Organisationskerne bei der Textverarbeitung

Beim Behalten von Wortlisten oder Sätzen sind Organisationskerne u. a. daran zu erkennen, daß die betreffenden Wörter oder Satzteile besonders gut behalten werden. Dasselbe ist deshalb auch bei Texten zu erwarten. Hier sollten bestimmte Textteile gegenüber anderen bevorzugt behalten werden und sich dadurch als Organisationskerne erweisen, mit deren Hilfe satzübergreifende Recodierprozesse vollzogen werden.

Hinweise für die Richtigkeit dieser Überlegungen liefert eine Untersuchung von Newman (1939), deren Ergebnisse 31 Jahre später R. E. Johnson (1970) repliziert hat, ohne dies offenbar zu wissen. Ausgangspunkt von Newman war der Befund, daß beim Behalten der Zeitpunkt eine Rolle spielt, zu dem etwas gelernt wird: Vpn behalten eine Wortliste besser, wenn sie diese nicht morgens, sondern abends lernen. Denn im letzten Fall sind sie durch den anschließenden Schlaf in geringerem Ausmaß störenden Ereignissen ausgesetzt als Vpn, welche die Wörter morgens gelernt haben.
Newman interessierte sich nun dafür, ob diese Gesetzmäßigkeit auch für das Behalten von Texten gilt, und inweiweit hierbei eine Rolle spielt, ob es sich um wesentliche oder unwesentliche Textteile handelt. Entsprechend ließ er seine Vpn Texte behalten, deren Propositionen von Gutachtern danach beurteilt worden waren, ob sie zu den wichtigen oder unwichtigen Textteilen gehörten.
Gruppe 1 wurde der Text morgens dargeboten, Gruppe 2 mittags und Gruppe 3 am späten Abend. Nach jeweils 8 Stunden sollten die Vpn das noch Behaltene schriftlich reproduzieren. Ergebnis: Es wurden sehr viel mehr wesentliche als unwesentliche Textteile behalten. Wann der Text gelernt wurde, spielt für das Behalten der wichtigen Textteile keine Rolle, sondern nur für das Behalten unwesentlicher Textteile. Diese wurden sehr viel besser behalten, wenn der Text abends gelernt wurde. Die wesentlichen Teile eines Textes waren also störresistenter als seine unwesentlichen Teile.
Die Untersuchung von R. E. Johnson (1970) bestätigte diesen Befund, und zwar mit einem interessanten Zusatzbefund: Danach ist das Textgedächtnis verschiedener Vpn unterschiedlich gut ausgeprägt. Diese Unterschiede betreffen jedoch lediglich die unwichtigen Textteile. Denn die wichtigen Teile eines Textes werden von allen Vpn behalten. Hierbei handelt es sich vermutlich um Organisationskerne, mit deren Hilfe die übrigen Textteile zu einer Einheit recodiert werden. Entsprechend könnte man die Tatsache, daß bevorzugt behaltene Textteile zugleich als besonders wichtig beurteilt werden, als ein weiteres Indiz für ihre Organisationsfunktion werten. Wenn dies so ist, sollten sich diese Textteile gegenüber anderen durch besondere relationale Eigenschaften auszeichnen. Denn nach den bislang diskutierten Untersuchungen repräsentiert ein als Organisationskern gewähltes Wort die Relationen, durch welche die übrigen Wörter zu einer Gedächtniseinheit recodiert worden sind.
Eine derartige Erwartung ergibt sich auch aufgrund der zuletzt diskutierten Story Grammar (Kapitel 5.3.3). Danach sind die einzelnen Textpropositionen hierarchisch organisiert, wobei wichtige Propositionen eine höhere Hierarchie-Ebene einnehmen als unwichtige. Zugleich sind dies diejenigen Propositionen, die bei der Erstellung einer satzübergreifenden Textstruktur von besonderer Bedeutung sind. Untersuchungen Thorndykes (1977) zeigen, daß diese Überlegungen zutreffend sind: Hier sollten die Vpn u. a. den Inseltext behalten, dessen semantische Struktur bereits ausführlich diskutiert wurde (vgl. Tab. 1 und 2 sowie Fig. 4). Dieser Text wurde zusammen mit anderen Texten auf vier verschiedene Arten dargeboten:

1. Story-Bedingung: Hier wurden die einzelnen Textpropositionen in der von der Story Grammar vorgesehenen Abfolge dargeboten, also in der Abfolge Setting, Thema, Plot und Resolution.
2. Narrative-after-theme-Bedingung: Hier wurden die thematischen Propositionen nicht am Anfang, sondern erst am Textende dargeboten.

3. Narrative-non-theme-Bedingung: Unter diesen Umständen wurden die thematischen Propositionen eliminiert, so daß bei einem derartigen Text Angaben über das Hauptziel der handelnden Personen fehlten.
4. Description-Bedingung: Unter diesen Umständen wurden die einzelnen Textpropositionen ohne zeitliche oder kausale Verknüpfungen dargeboten. Ein derartiger Text war also nach Art einer Bildbeschreibung abgefaßt.

Alle vier Bedingungen wurden an Texten realisiert, deren Propositionen — abgesehen von den thematischen Propositionen — in einer normalen Abfolge oder in einer Zufallsabfolge dargeboten wurden. Letzteres kann als eine extreme Abweichung von der in der Story Grammar vorgesehenen Abfolge angesehen werden. Im Anschluß an die Darbietung sollten die Vpn die Textverständlichkeit auf einer Skala einstufen und danach die Texte möglichst wörtlich reproduzieren. Anschließend sollten sie die wichtigsten Testinformationen zusammenfassen, ohne daß die Texte erneut dargeboten wurden.
Ergebnisse und Interpretation: Die Verständlichkeitsurteile stimmten weitgehend mit den Behaltensleistungen überein und nahmen in der folgenden Reihenfolge ab: Story-Bedingung, Narrative-after-theme, Narrative-no-theme, Description. Dies galt allerdings nur dann, wenn die einzelnen Propositionen in einer normalen Abfolge dargeboten wurden; bei einer Zufallsfolge wurden sie sehr schlecht behalten, wobei sich die vier Bedingungen kaum voneinander unterschieden. Wurden die Texte in der normalen Abfolge dargeboten, war es wichtig, ob und wann die thematischen Propositionen dargeboten wurden: Am besten waren die Behaltensleistungen, wenn das Textthema im Sinne des Handlungsziels zu Beginn genannt wurde, schlechter, wenn es am Ende, und am schlechtesten, wenn es überhaupt nicht genannt wurde. Dies ist als ein *relationaler* Effekt zu interpretieren, wie ein weiterer Befund Thorndykes zeigt: Unter der Description-Bedingung wurden alle Propositionen einschließlich der thematischen dargeboten, jedoch ohne kausale oder temporale Verknüpfungen. Dasselbe galt für die in Zufallsabfolge dargebotenen Texte. Dennoch wurden die Texte unter beiden Bedingungen schlechter behalten als unter der Bedingung 3, bei der die Texte ohne die thematischen Propositionen, jedoch in der adäquaten Weise dargeboten wurden. Damit die thematischen Propositionen das Behalten verbessern konnten, mußten die Vpn offenbar in die Lage versetzt werden, zwischen den Propositionen semantische Verbindungen herstellen zu können. Hier war es von Vorteil, wenn die thematischen Propositionen möglichst zu Beginn des Textes dargeboten wurden. Die Vermutung, daß diese Propositionen bei einer adäquaten Textdarbietung die Funktion eines Organisationskerns übernehmen, wird durch die folgende Beobachtung Throndykes gestützt: 75% der Vpn, denen die thematischen Propositionen am Textende dargeboten wurden (Bedingung 2), reproduzierten sie zuerst. Dies aber ist für Organisationskerne charakteristisch. Denn eine Gedächtniseinheit kann nur mit Hilfe des dazugehörigen Organisationskerns reproduziert werden, der deshalb zuerst reproduziert wird. Allerdings ist zu vermuten, daß neben solchen Propositionen, die das Thema im Sinne der Story Grammar repräsentieren, noch andere Propositionen die Funktion von Organisationskernen übernehmen. Denn Thorndykes Ergebnisse zeigen, daß eine Proposition um so besser behalten wurde, je höher die Hierarchie-Ebene war, der sie angehörte. Figur 4 zeigt, daß eine hohe Hierarchie-Ebene nicht nur von thematischen, sondern auch von solchen Propositionen eingenommen wird, die den Ausgang einer Geschichte beschreiben. Allerdings sind diese Propositionen ebenfalls mit dem Thema verbunden:

Sie beziehen sich auf die Erreichung des Ziels, welches das Textthema definiert.
Die unterschiedliche Bedeutung einzelner Textteile für den Gesamttext spiegelte sich schließlich auch in den Textzusammenfassungen der Vpn wider. Diese enthielten nur zentrale Propositionen, die eine hohe Hierarchie-Ebene einnahmen. Propositionen, welche spezifische, einzelnen Zwischenzielen dienende Aktionen beschrieben, wurden dagegen nicht in die Zusammenfassung aufgenommen.
Daß es sich bei all diesen Ergebnissen um einen relationalen Effekt handelt, der keinesfalls an bestimmte Textinhalte gebunden ist, konnte Thorndyke auch in einem 2. Experiment nachweisen: Hier hatten die Vpn nacheinander zwei verschiedene Geschichten zu verarbeiten. Entweder waren diese Geschichten im Sinne der Story Grammar strukturgleich, enthielten jedoch verschiedene Argumente, oder sie enthielten dieselben Argumente und waren strukturell verschieden. Ergebnis: Eine Strukturgleichheit führte zu einem positiven Transfer; eine Übereinstimmung in den Argumenten dagegen führte in Verbindung mit einer strukturellen Unterschiedlichkeit zu einem negativen Transfer: Hier wurde das Behalten der zweiten Geschichte durch das Behalten der ersten verschlechtert, im ersten Fall dagegen verbessert.
Interpretation: Bei strukturell gleichen Geschichten wußte der Rezipient schon im voraus, welche Propositionen im Falle der 2. Geschichte dazu verwendet werden können, um propositionsübergreifende Relationen zu erstellen. Bei strukturell verschiedenen Geschichten dagegen war ein derartiger »Regeltransfer« nicht möglich, im Gegenteil! Propositionen, die bei der ersten Geschichte dazu geeignet waren, die Funktion eines Organisationskerns zu übernehmen, waren im Falle der zweiten Geschichte für eine derartige Funktion ungeeignet, da sich hier der relationale Zusammenhang zwischen den einzelnen Propositionen geändert hatte. —
Die bislang behandelten Untersuchungen zeigen, *daß* bestimmte Textteile gegenüber anderen bevorzugt behalten werden. Dabei wurde deutlich, daß dies als ein relationaler Effekt zu interpretieren ist, diese Satzteile also eine besondere Organisationsfunktion übernehmen. Im folgenden wird der Frage nachgegangen, *warum* diese Textteile eine derartige Funktion übernehmen.
Eine Antwort auf diese Frage geben Untersuchungen von Kintsch, Kozminsky, Streby, McKoon & Keenan (1975). Hier erhielten die Vpn unterschiedlich strukturierte Texte dargeboten, deren Strukturbeschreibungen mit Hilfe des Textmodells von Kintsch (1972, 1974) vorgenommen wurde (vgl. Kapitel 5.3.1). Im Unterschied zur Story Grammar läßt dieses Modell die verschiedenen Arten von Relationen unberücksichtigt, die zwischen Textpropositionen bestehen können. Festgestellt wird lediglich, welche Propositionen in der semantischen Textbasis miteinander verbunden sind. Eine derartige Verbindung ist dann gegeben, wenn eine nachfolgende Proposition Argumente enthält, die bereits durch frühere Propositionen in den Text eingeführt worden sind (»Rekurrenz«). Auf diese Weise ist es möglich, zwischen Propositionen höherer und niederer Ordnung zu unterscheiden und damit die Organisation eines Textes gleichsam »mechanisch« zu bestimmen, d. h. ohne Rekurs auf semantisch-logische Beziehungen. Danach enthalten Propositionen höherer Ordnung Argumente, die auch in nachfolgenden Propositionen verwendet werden und dadurch den vorangehenden Propositionen untergeordnet sind, in denen diese Argumente erstmals verwendet wurden. Ein Beispiel für eine hierarchische Propositionsstruktur nach Kintsch et al. (1975) ist in Tabelle 3 aufgeführt.

Tabelle 3: Beispiel für eine hierarchische Propositionsstruktur nach Kintsch et al. (1975); nähere Erläuterungen siehe Text!

Textoberfläche: Die Griechen liebten schöne Kunstwerke. Als die Römer die Griechen besiegten, imitierten sie die Griechen und lernten so, schöne Kunstwerke zu schaffen.
Textbasis (Die Ziffern beziehen sich auf die Abfolge der einzelnen Propositionen in der Textbasis. Einige Propositionen sind in andere eingebettet, was durch entsprechende Ziffern in den einbettenden Propositionen gekennzeichnet ist):

1. (LIEBEN, GRIECHEN, KUNSTWERK)
2. (SCHÖN, KUNSTWERK)
3. (BESIEGEN, RÖMER, GRIECHEN)
4. (IMITIEREN, RÖMER, GRIECHEN)
5. (ALS, 3, 4)
6. (LERNEN, RÖMER, 8)
7. (KONSEQUENZ, 3, 6)
8. (SCHAFFEN, RÖMER, 2)

Danach ist die Proposition 1 den nachfolgenden Propositionen übergeordnet, so daß sie in der Hierarchie die erste Ebene einnimmt. Denn das Argument KUNSTWERK wird auch in der nachfolgenden Proposition 2 als Argument verwendet, das Argument GRIECHEN in den Propositionen 3 und 4, so daß diese Propositionen die zweite Hierarchie-Ebene einnehmen. Die dritte Hierarchie-Ebene schließlich bilden in diesem Text die Propositionen 5, 6, 7 und 8: Sie beziehen sich alle auf Propositionen der zweiten Ebene, da sie die dort verwendeten Argumente aufgreifen; die Propositionen 6 und 8 enthalten das Argument RÖMER, das erstmals in Proposition 3 verwendet wurde; die Propositionen 5 und 7 verwenden die Propositionen 3, 4 und 6 als Argumente, von denen die beiden erstgenannten die zweite Hierarchie-Ebene bilden. Propositionen höherer Ordnung enthalten also Argumente, die in späteren Propositionen erneut auftreten. Sie sind deshalb dazu prädestiniert, semantische Relationen zwischen den ihnen untergeordneten Propositionen zu stiften und damit die Funktion von Organisationskernen zu übernehmen. Entsprechend sollten sie besser behalten werden als Propositionen niederer Ordnung.
Diese Erwartung wird durch die Untersuchungen von Kintsch et al. voll bestätigt: Je höher die Hierarchie-Ebene war, die eine Proposition einnahm, um so wahrscheinlicher wurde sie produziert; Propositionen der ersten Hierarchie-Ebene wurden mit einer Wahrscheinlichkeit von annähernd 80% erinnert, die ihnen untergeordneten Propositionen dagegen lediglich mit einer Wahrscheinlichkeit von annähernd 30%. Warum dies so ist, zeigt ein weiterer Befund der Autoren: Wörter, die in vielen verschiedenen Propositionen als Argumente auftraten, wurden besser behalten als Wörter, die nur selten als Argument verwendet wurden. Da aber übergeordnete Propositionen ex definitione wiederholt verwendete Argumente enthalten, sind sie gegenüber solchen Propositionen im Vorteil, die sich aus selten verwendeten Argumenten zusammensetzen.
Häufig verwendete Argumente sind allerdings auch in Propositionen enthalten, die den Propositionen höherer Ordnung untergeordnet sind, so daß deren besondere Funktion nicht allein auf der Rekurrenz von Argumenten beruhen kann. Ihre dominierende Rolle wird erst dann verständlich, wenn man sich an ein weiteres Charakteristikum übergeordneter Propositionen erinnert: Sie werden *vor* jenen Propositionen verarbeitet, die ihnen untergeordnet sind, oder anders formuliert: Von zwei oder mehr Propositionen, die gemeinsame Argumente auf-

weisen, übernimmt diejenige Proposition eine übergeordnete Funktion, die *zuerst* verarbeitet worden ist.

Dies ist keinesfalls als ein Zeiteffekt zu interpretieren, wie Kintsch et al. (1975) zeigen konnten: Propositionen höherer Ordnung wurden auch dann besser behalten als die ihnen untergeordneten Propositionen, wenn sie mittlere oder späte Textpositionen einnahmen. Dies deutet auf einen sequentiellen Effekt hin: Übergeordnete Propositionen werden besser behalten, *weil* nach ihnen noch andere Propositionen verarbeitet werden, die dieselben Argumente enthalten und dadurch mit der übergeordneten Proposition verknüpft werden.

Dies macht auch einen weiteren Befund von Kintsch et al. (1975) verständlich: Texte, in denen viele verschiedene Argumente verwendet wurden, erforderten eine längere Lesezeit als Texte gleicher Länge, in denen dieselben Argumente sehr oft verwendet wurden. Wenn nämlich in aufeinanderfolgenden Propositionen immer wieder dasselbe Argument verwendet wird, fällt es leicht, diese miteinander zu verbinden, während dies Schwierigkeiten bereitet, wenn jede Proposition ausschließlich neue Argumente enthält. Dasselbe zeigen auch die Behaltensleistungen. Die Autoren bezogen nämlich die für die Texte benötigten Lesezeiten auf die reproduzierten Propositionen und stellten dabei folgendes fest: Damit eine Proposition reproduziert werden konnte, benötigte sie im Falle eines Textes mit vielen verschiedenen Argumenten eine durchschnittlich längere Lesezeit als im Falle eines Textes, bei dem wenige Argumente verwendet wurden, die sehr oft wiederholt wurden.

Dies läßt sich wie folgt erklären: Damit eine Proposition reproduziert werden kann, muß die Vp eine zuvor verarbeitete Proposition mit der nachfolgenden Proposition verbinden. Dies gelingt leicht, wenn aufeinanderfolgende Propositionen gemeinsame Argumente aufweisen, während dies bei Propositionen schwer fällt, die ausschließlich neue Argumente enthalten. Ähnliches konnten Manelis & Yekovich (1976) auf der Satzebene nachweisen.

Angesichts dieser Befunde liegt es nahe, die Verarbeitung eines Textes als einen sequentiellen, semantischen Organisationsprozeß anzusehen: Der Rezipient versucht, bei der Verarbeitung nachfolgender Propositionen an die Argumente früherer Propositionen anzuknüpfen. Sofern sie gemeinsame Argumente enthalten, kann dieser Verknüpfungsprozeß leichter und damit schneller vollzogen werden als im Falle von Propositionen, die lediglich neue Argumente enthalten, wie dies bei einem Text gegeben ist, bei dem sich nur wenige Argumente wiederholen. Damit wird auch die Funktion übergeordneter Propositionen verständlich: Ein Text, in dem nur wenige Argumente verwendet werden, die häufig wiederholt werden, weist ein leicht erkennbare, semantische Struktur auf. Denn dadurch, daß dieselben Argumente in einer Reihe von Propositionen wiederholt werden, sind all diese Propositionen einer gemeinsamen Proposition untergeordnet, in der diese Argumente erstmals verwendet wurden. Diese übergeordnete Proposition verknüpft deshalb eine große Anzahl nachfolgender Propositionen, während bei Texten mit vielen verschiedenen Argumenten eine derartige Kohärenz nur schwer herzustellen ist: Es gibt nur wenige Propositionen, die in einem Verhältnis der Über- und Unterordnung stehen, so daß ein derartiger Text weitgehend einer Ansammlung unverbundener Sätze entspricht. Er unterscheidet sich damit von einem hierarchisch strukturierten Text in ähnlicher Weise wie eine Liste mit unverbundenen Wörtern von einer Liste mit kategorial ähnlichen Wörtern: Hier wie dort fehlen Organisationskerne, die bei semantisch kohärenten Texten oder Wörtern in Form übergeordneter Propositionen oder Oberbegriffe vorhanden sind.

5.3.5 Thema und Rhema bei der Textverarbeitung

Die bisherige Diskussion hat gezeigt, daß bei der Textverarbeitung satzübergreifende Recodierprozesse mit Hilfe übergeordneter Propositionen vollzogen werden. Diese als Organisationskern fungierenden Propositionen zeichnen sich gegenüber den ihnen untergeordneten Propositionen durch zwei Eigenschaften aus:

1. Sie enthalten Argumente, die auch in nachfolgenden Propositionen verwendet werden.
2. Sie verwenden diese Argumente erstmals und führen sie damit in den Text ein.

Folgt man Perfetti & Goldman (1974, 1975), so repräsentieren übergeordnete Propositionen das *Thema* des Textes. Denn nach der Ansicht dieser Autoren ergibt sich das Textthema dadurch, daß in aufeinanderfolgenden Propositionen wiederholt derselbe Referent angesprochen wird (Rekurrenz). Diesen Vorgang bezeichnen sie als *Thematisierung*, worunter sie folgendes verstehen: »Thematisierung ... meint die Konstruktion eines referentiellen ›Themas‹ im Verlaufe der Textverarbeitung ... Vom Rezipienten her gesehen besteht die primäre Funktion der Thematisierung darin, einen Referenzpunkt zu schaffen, um den herum die propositionalen Informationen organisiert werden, die diesen Referenten betreffen (1975, S. 257 f.).«
Daß diese Annahme zutreffend ist, zeigen schon die Befunde von Kintsch et al. (1975): Übergeordnete Propositionen verknüpfen die ihnen nachfolgenden untergeordneten Propositionen zu einer Einheit, weil sie gemeinsame Argumente enthalten und sich damit auf dasselbe Thema beziehen. Allerdings steht dies im Widerspruch zu Befunden, die im Zusammenhang mit der Recodierung einzelner Sätze diskutiert worden sind (vgl. Kap. 4.4.2). Dort war es nicht das Satzthema, sondern der rhematische Satzteil, der die Funktion eines Organisationskerns übernahm. Dies zeigen Untersuchungen, in denen das Satzthema durch Subjektivierung, durch die Verwendung des definiten Artikels oder durch Spaltkonstruktionen markiert wurde. Ein auf diese Weise zum Thema erhobenes Substantiv erwies sich zumeist als der schlechtere Retrieval-Cue, verglichen mit dem Satzteil, welcher die Aufmerksamkeit des Rezipienten auf sich zog, weil er die »neue«, rhematische Satzinformation repräsentierte.
Wie dieser Widerspruch aufzulösen ist, zeigt Perfetti & Goldmans (1975) Untersuchung. Auch hier wurde das Behalten einzelner Sätze überprüft, die jedoch nicht isoliert dargeboten wurden, sondern in Verbindung mit einem Text. Der Testsatz konnte dabei als Aktiv- oder Passivsatz nach Art von (34a) oder (34b) formuliert worden sein.

(34a) Der Admiral fing den Banditen.
(34b) Der Bandit wurde von dem Admiral gefangen.

Dies geschah aufgrund der Annahme, daß das Thema oder Topic eines Satzes durch die Wortstellung bzw. Subjektivierung definiert werden kann (Topikalisierung). Bei Satz (34a) ist demzufolge das Wort *Admiral*, bei Satz (34b) das Wort *Bandit* topikalisiert worden. — Allerdings hatten wir bereits festgestellt (vgl. Kapitel 4.4.2), daß die Funktion des Themas bei der Satzverarbeitung auf der Ebene eines einzelnen Satzes nicht bestimmbar ist. Denn tatsächlich ist hier die thematische Satzinformation ebenso »neu« wie die rhematische Satzinformation. Eine derartige Unterscheidung ist nur dann sinnvoll, wenn der betreffende Testsatz vor dem Hintergrund eines Kontextes dargeboten wird, durch den bestimmte Satzinformationen »gegeben« und damit thematisiert, andere Satzinformationen dagegen nicht gegeben und damit »neu« sind. Entsprechend boten Perfetti & Goldman ihren Vpn zunächst eine Reihe von Kontextsätzen dar, durch die im Falle der Sätze (34a) und (34b) entweder das Wort *Admiral* oder das Wort *Bandit* thematisiert, d. h. wiederholt als Argument in den entsprechenden Textpropositionen verwendet wurde. Die Texte endeten dann jeweils mit dem Testsatz (34a) oder (34b), dessen Behalten mit Hilfe eines Retrieval-Cues überprüft wurde: Die Vpn erhielten das Subjekt oder das Objekt vorgegeben und sollten den dazugehörigen Satz reproduzieren. Der effektivere Cue sollte dabei dem Organisationskern entsprechen, mit dessen Hilfe die Vpn diesen und andere Sätze des Textes zu einer Einheit recodiert haben. Darüber hinaus wurde überprüft, unter welchen Umständen den Vpn Transformationsfehler in dem Sinne unterliefen, daß sie einen Aktivsatz als Passivsatz reproduzierten und umgekehrt. Ergebnisse:

1. In allen Fällen erwies sich der durch den Kontext thematisierte Satzteil als der effektivere Retrieval-Cue, und zwar auch dann, wenn er anstelle einer Subjektposition die Position eines grammatischen Objekts einnahm. Allerdings war ein Retrieval-Cue besonders effektiv, wenn er einem thematisierten Subjekt entsprach, welches am Satzanfang stand.
2. Ein Argument, welches in einem Testsatz die Funktion eines »Agenten« übernahm, war ein besserer Retrieval-Cue als ein Argument in der Rolle eines »Patienten«, im Falle von (34a, b) erwies sich also das Argument ADMIRAL als der bessere Retrieval-Cue.
3. Im Falle eines thematisierten Patienten hatte darüber hinaus die Satzposition einen gewissen Einfluß: Ein thematischer Patient war am Satzanfang ein besserer Retrieval-Cue als am Satzende, während die Position des thematisierten Agenten hierbei keine Rolle spielte.
4. Eine Auswertung der Transformationsfehler zeigte u. a. folgendes: Sofern das als Retrieval-Cue vorgegebene Wort dem thematisierten Argument entsprach, war die Wahrscheinlichkeit sehr groß, daß die Vpn den Testsatz auch dann als Aktivsatz reproduzierten, wenn er als Passivsatz dargeboten worden war. Darüber hinaus wurde ein Passivsatz eher als Aktivsatz reproduziert, wenn der Retrieval-Cue dem Agenten entsprach und in dem Testsatz eine Objektposition einnahm, als in den Fällen, in denen der Cue dem Patienten entsprach und eine Subjektposition einnahm.

Interpretation: Durch eine wiederholte Verwendung desselben Arguments (Thematisierung) werden Textpropositionen auf denselben Referenten bezogen. Dieser übernimmt als das Textthema die Funktion eines Organisationskerns, mit dessen Hilfe die einzelnen Propositionen zu einer Gedächtniseinheit recodiert werden. Entsprechend erwies sich in dem Experiment von Perfetti & Goldman (1975) dasjenige Argument als der effektivere Retrieval-Cue, welches den am häufigsten thematisierten Referenten repräsentierte. Dies war bei Testsatz (34) entweder das Argument ADMIRAL oder das Argument BANDIT, je nachdem, ob ersteres oder letzteres durch den Kontext thematisiert worden war.
Die Tatsache, daß die Retrieval-Effektivität eines Arguments darüber hinaus auch durch seine semantische und syntaktische Funktion beeinflußt wurde, ist wie folgt zu erklären: Um den Testsatz semantisch mit den Kontextsätzen verknüpfen zu

können, muß der Rezipient möglichst schnell und eindeutig feststellen können, welcher Satzteil die thematische, durch den Kontext gegebene Information repräsentiert und welcher Satzteil die neue, rhematische Information, die durch den Kontext nicht gegeben ist. Das Thema wird üblicherweise von einem Argument übernommen, welches die Rolle eines Agenten innehat, und durch eine geringere Betonung, durch die Verwendung des definiten Artikels und durch eine Subjektivierung gekennzeichnet ist, wodurch es am Satzanfang steht. Der rhematische Satzteil dagegen wird häufiger durch ein Argument in der Rolle eines Patienten repräsentiert, welches besonders betont wird, mit dem indefiniten Artikel versehen ist und eine Objektposition einnimmt (vgl. Kap. 4.4.1 und 4.4.2). Dort, wo in der Untersuchung von Perfetti & Goldman (1975) von dieser Regel abgewichen wurde, bedeutete dies eine Erschwerung der semantischen Textorganisation, sichtbar daran, daß sich die Retrieval-Effektivität eines Arguments auch dann verringerte, wenn es durch den Kontext thematisiert worden war.

Daß die thematische und rhematische Information semantisch und syntaktisch unterschiedlich markiert werden, zeigten darüber hinaus auch die Transformationsfehler, die den Vpn von Perfetti & Goldman (1975) unterlaufen waren: Das thematisierte Argument drängte in eine Subjektposition, so daß die Wahrscheinlichkeit für einen Transformationsfehler groß war, wenn ein derartiges Argument in dem Testsatz die syntaktische Position eines Objekts einnahm. Darüber hinaus tendierten die Vpn dazu, einem Argument in der Rolle des Agenten eine Subjektposition einzuräumen, so daß ihnen mit einiger Wahrscheinlichkeit ein Transformationsfehler unterlief, wenn dieses Argument in dem Testsatz die syntaktische Position eines Objekts innehatte. Demzufolge war die Wahrscheinlichkeit für einen Transformationsfehler am größten, wenn das als Retrieval-Cue verwendete Argument einen thematisierten Agenten repräsentierte, der in dem Testsatz jedoch die Rolle eines Patienten und die syntaktische Position eines Objekts einnahm. Zugleich bereitete diese zuletzt genannte Situation den Vpn die größten Schwierigkeiten, eine thematische Verbindung zwischen dem Testsatz und dem übrigen Text herzustellen. Denn unter diesen Umständen war das Erkennen des dazu notwendigen thematischen Satzteiles besonders erschwert.

Berücksichtigt man in diesem Zusammenhang diejenigen Ergebnisse, die zur Recodierung einzelner Sätze vorliegen (vgl. Kap. 4.4.2), so läßt sich im Hinblick auf die Recodier-Funktionen der thematischen und rhematischen Satzteile folgendes feststellen: Bei einem einzelnen Satz richtet sich die Aufmerksamkeit des Rezipienten in der Regel auf diejenige Satzinformation, die als neue, rhematische Information hervorgehoben wird. Der entsprechende Satzteil übernimmt deshalb die Funktion eines Organisationskerns, mit dessen Hilfe der Satz zu einer (Unter-) Einheit recodiert wird (Recodierprozesse 1. Ordnung; vgl. Kap. 5.1). Diese Untereinheit »Satz« bzw. »Proposition« bleibt jedoch nicht als isolierte Gedächtniseinheit bestehen, sondern wird auf das Thema bezogen, und dadurch mit anderen Propositionen, die sich auf dasselbe Thema beziehen, zu der übergeordneten Einheit »Text« verknüpft (Recodierprozesse 2. Ordnung; vgl. Kap. 5.1).

Diese mit Hilfe des Themas vollzogenen Recodierprozesse 2. Ordnung sind es auch, die Haviland & Clark (1974) in ihrer bekannten Arbeit untersucht haben: Hier wurden den Vpn nacheinander eine Reihe von Sätzen dargeboten, wobei jeweils 2 Sätze ein Paar bildeten. Die Vpn erhielten die Instruktion, auf einen Knopf zu drücken, wenn sie den zweiten Satz des jeweiligen Paares verstanden hatten. Auf diese Weise wurde die Zeitdauer erfaßt, mit der dieser zweite Satz dargeboten werden mußte, bevor ihn die Vp verstanden hatte. Variiert wurde dabei folgendes: Entweder folgte der zweite Satz direkt aus dem ersten, weil er sich auf ein Argument bezog, welches durch den ersten Satz eingeführt wurde (35a), oder der zweite Satz folgte nur indirekt aus dem ersten, weil er sich auf ein neues, zuvor nicht eingeführtes Argument bezog (35b).

(35a) Fritz wurde zu seinem Geburtstag ein Alligator geschenkt. Der Alligator war sein schönstes Geschenk.

(35b) Fritz wurde zu seinem Geburtstag eine Menge geschenkt. Der Alligator war sein schönstes Geschenk.

Die Vpn hatten die Aufgabe, die Testsätze zu verstehen, die in beiden Situationen identisch waren. Was sich jedoch änderte, war der jeweilige Kontextsatz, der *vor* dem eigentlichen Testsatz dargeboten wurde.

Ergebnis: Das Verständnis für den zweiten Satz eines Paares wurde weitgehend dadurch bestimmt, wie eng er mit seinem Kontextsatz verbunden war; im Falle eines engen Zusammenhangs wurde er schneller verstanden als im Falle eines nur indirekten Zusammenhangs. Hier mußte der Testsatz deutlich länger dargeboten werden, bevor er verstanden werden konnte.

Interpretation: Eine Vp verarbeitet einen Satz nicht isoliert von anderen Sätzen, sondern bezieht ihn auf die zuvor verarbeiteten Satzinformationen. Ganz im Sinne der »Thema-Rhema-Unterscheidung« sprechen Haviland & Clark in diesem Zusammenhang von einer Given-New-Strategie: Der Rezipient versucht, neue Satzinformationen mit Informationen zu verbinden, die in früheren Sätzen gegeben wurden und damit als Thema bereits in seinem Gedächtnis gespeichert sein sollten. Sind diese Informationen in seinem Gedächtnis vorhanden, wird der Satz leicht verstanden, im Unterschied zu der Situation, in der sie dort nicht vorhanden sind. Denn in dem letzteren Fall bezieht sich der Testsatz auf einen zuvor nicht thematisierten Referenten, so daß sich eine Verbindung zwischen dem Test- und Kontextsatz nur schwer herstellen läßt.

Diese Überlegungen gelten nicht nur für Satzpaare, sondern auch für die Verarbeitung von Texten, wie Hupet & Le Bouedec (1977) zeigen konnten. Die Autoren interessierten sich dafür, unter welchen Umständen einzelne Propositionen zu einer übergeordneten Ideeneinheit im Sinne von Bransford & Franks (1971) recodiert werden (vgl. Kapitel 5.1). Ihre Untersuchung zeigt, daß dies nur dann möglich ist, wenn die zusammengehörigen Propositionen unmittelbar nacheinander dargeboten wurden. Denn nur unter diesen Umständen enthalten nachfolgende Propositionen Argumente, die durch vorangehende Propositionen »gegeben« sind. Wenn dagegen Propositionen verschiedener Grundideen aufeinanderfolgen, ist eine derartige Given-New-Strategie nicht anwendbar, so daß eine Verknüpfung einzelner Propositionen unterbleibt.

Folgerichtig unterscheiden Daneš und Beneš (zitiert nach Hennig & Huth 1975) verschiedene Texttypen nach der Eigenart ihrer »thematischen Progression«: das, was als neue Information über das Thema des Vorsatzes gesagt wird, kann das Thema des nachfolgenden Satzes sein. In diesem Fall findet in aufeinanderfolgenden Sätzen ein regelmäßiger Wechsel von Thema und Rhema statt, so daß sich ein derartiger Text aus mehreren Themen zusammensetzt. In anderen Fällen können sich alle Sätze auf ein und dasselbe Thema beziehen, so daß ein derartiger Text nur ein einziges Thema aufweist.

Die Tatsache, daß der Verarbeitung eines Textes eine Given-New-Strategie zugrunde liegt, macht schließlich auch verständlich, warum die Organisationsfunktion von Propositionen höherer Ordnung im Sinne von Kintsch et al. (1975) an ihre seriale Position gebunden ist: Übergeordnete Propositionen enthalten die

Argumente, mit denen nachfolgende Propositionen verknüpft werden können. Entsprechend wird ein Text schlechter behalten, wenn man ihn ohne diese übergeordneten Propositonen darbietet oder diese Propositionen nicht an den Anfang, sondern an das Textende stellt. Dies zeigen die schon diskutierten Untersuchungen von Thorndyke (1977): Ein Text wurde besser behalten, wenn die thematischen Propositionen zu Beginn statt am Ende des Textes dargeboten wurden (vgl. Kap. 5.3.4).

Damit kommt der Überschrift als dem ersten Satz eines Textes eine besondere Recodierfunktion zu: Sie führt Argumente ein, die für nachfolgende Propositionen gegeben sind und damit das Thema darstellen.

5.4 Der integrative und selektive Einfluß von Überschriften

Die bislang diskutierten Untersuchungen legen es nahe, den Vorgang der Textrezeption als einen sequentiellen, semantischen Organisationsprozeß anzusehen. Nachfolgende Propositionen werden auf die Argumente übergeordneter, zuvor verarbeiteter Propositionen bezogen. Da nachfolgende Propositionen neben diesen »alten« auch »neue« Argumente enthalten, werden die alten thematischen Argumente mit den neuen Argumenten verknüpft. Auf diese Weise erfährt das Thema im Verlaufe des Textes eine zunehmende Differenzierung im Sinne einer Bedeutungserweiterung.

Aus dieser Annahme folgt, daß der ersten Proposition eines Textes eine besonders wichtige Funktion zukommen: Sie ist ex definitione anderen Propositionen übergeordnet, selbst jedoch keiner anderen Proposition untergeordnet, da jedes ihrer Argumente »neu« ist. Diese neuen Argumente fungieren für nachfolgende Propositionen als Thema, mit dem sie verknüpft werden. Ändert man deshalb die Proposition, mit der ein Text eingeleitet wird, ändert dies zugleich die Subordinationsverhältnisse zwischen den übrigen Textpropositionen und damit die hierarchische Struktur der Textbasis. Dies macht Untersuchungen verständlich, die zeigen, daß es nicht gleichgültig ist, ob ein Text mit einer Überschrift versehen ist oder nicht, und welche Argumente durch die Überschriftspropositionen in den Text eingeführt werden.

So ließen Dooling & Mullet (1973) ihre Vpn unter anderem einen Text behalten, der die Entdeckung Amerikas durch Christoph Columbus behandelte (36b). Die Darbietung der Texte erfolgte satzweise, wobei ein Teil der Vpn *vor* der eigentlichen Textdarbietung eine Überschrift nach Art von (36a) erhielt.

(36a) Christoph Columbus entdeckt Amerika.

(36b) Mit verpfändeten Edelsteinen, die *er* zur Finanzierung benutzte, trotzte *unser Held* dem höhnischen Gelächter, durch das man versuchte, *ihn* an *seinem* Plan zu hindern ...

Eine zweite Gruppe von Vpn sah diesen Titel im Anschluß an die Textdarbietung, während eine dritte Gruppe (Kontrollgruppe) den Text ohne Titel erhielt. Anschließend wurden alle Vpn dazu aufgefordert, den Text zu reproduzieren. Als Maß für die Behaltensleistung verwendeten die Autoren die Zahl der richtig reproduzierten Wörter, die Zahl der sinngemäß richtig reproduzierten Sätze und die Anzahl der thematischen Intrusionsfehler. Jedes dieser Maße führte zu demselben Ergebnis: Diejenigen Vpn, welche den Titel vor der Textdarbietung erhalten hatten, zeigten deutlich bessere Behaltensleistungen und mehr thematische Intrusionsfehler als Vpn, welche den Titel nach der Textdarbietung oder überhaupt nicht gesehen hatten. Diese zwei letztgenannten Gruppen reproduzierten annähernd die gleiche Anzahl richtiger Wörter und Sätze und machten annähernd gleich viele thematische Fehler, wie dies auch eine frühere Untersuchung von Dooling & Lachman (1971) gezeigt hatte.

Interpretation: Diese Befunde stehen in guter Übereinstimmung mit Überlegungen, die wir im Zusammenhang mit Perfetti & Goldman (1974, 1975) und Kintsch (1974, Kintsch et al. 1975) angestellt haben: Danach spielen bei der Recodierung eines Textes diejenigen Propositionen eine bevorzugte Rolle, deren Argumente in nachfolgenden Propositionen wiederholt werden. Diese das Textthema kennzeichnenden Propositionen können ihre Rolle als Organisationskern allerdings nur dann erfüllen, wenn sie verarbeitet werden, *bevor* die übrigen Propositionen dargeboten werden. Am Textende können sie dem Rezipienten zwar nachträglich das Thema verdeutlichen, doch bleibt dies ohne Einfluß auf die Behaltensleistung. Denn propositionsübergreifende Relationen können lediglich während der Darbietung der Propositionen hergestellt werden, so daß an der Art dieser semantischen Verknüpfung nachträglich nichts mehr verändert werden kann, es sei denn, der Text wird erneut dargeboten. —

Allerdings ist denkbar, daß die nachträgliche Darbietung eines Titels eine gewisse Verbesserung der Reproduktion zur Folge hat, die nicht als Behaltensverbesserung zu werten ist, sondern als Verbesserung der Retrieval-Vorgänge. Denn dadurch könnten Wissensbestände aktiviert werden, die eine Vp präexperimentell gespeichert hat. So dürfte amerikanischen Vpn bekannt sein, daß und wie Columbus Amerika entdeckt hat. Deshalb könnten derartige Wissensbestände mit in die Reproduktion einfließen. Darüber hinaus könnte dies dazu führen, daß die Vpn die Textpropositionen bei ihrer Reproduktion anders organisieren als bei ihrer Verarbeitung. Dafür sprechen die bereits diskutierten Befunde von Thorndyke (1977; vgl. Kap. 5.3.4). Insofern mag die Tatsache, daß in den Untersuchungen von Dooling & Lachman (1971) und Dooling & Mullet (1973) ein am Textende dargebotener Titel keinerlei Einfluß auf die Reproduktionsleistung ausübte, mit der Art der dort verwendeten Texte zusammenhängen.

Diese Vermutung wird bestätigt, wenn man sich ansieht, wie beispielsweise der Text über die Entdeckung Amerikas beginnt, den diese Autoren verwendet haben (vgl. 36b): Durch Pronominalisierung und Subjektivierung (vgl. Kap. 5.3.1 und 5.3.5) wird dem Leser signalisiert, daß die verschiedenen Propositionen auf *einen* Referenten zu beziehen sind, ohne daß dieser Referent explizit in den Text eingeführt wird. Der Leser weiß also, daß eine bestimmte Person das Thema des Textes darstellt, ohne zu wissen, wer diese Person ist. Entsprechend mußten die Vpn Schwierigkeiten haben, ohne eine Überschrift satzübergreifende, semantische Relationen zu erstellen. Denn dasjenige Argument, welches in der Textbasis in mehreren aufeinanderfolgenden Propositionen wiederholt wurde und deshalb als semantisches Bindeglied zwischen den einzelnen Propositionen hätte fungieren können, blieb an der Textoberfläche ungenannt, es sei denn, daß der Text durch die Überschrift (36a) eingeleitet wurde. Denn erst dadurch wurde der Referent spezifiziert, auf den die nachfolgenden Propositionen zu beziehen waren. Von daher kann es nicht verwundern, daß eine Vp von dem Text ohne Titel nahezu nichts verstand und behielt. Ähnliches zeigen auch Untersuchungen von Bransford & Johnson (1972), in denen Texte derselben Art verwendet wurden. Auch hier war das Textthema ohne Zusatzinformation nicht zu erkennen, so daß ein derartiger Text unter diesen Umständen sehr schlecht verstanden und behalten wurde. Dies änderte sich grundlegend, wenn vor der Darbietung das Textthema durch eine Überschrift oder ein Bild genannt wurde, während sich die

Reproduktionsleistungen wiederum nicht verbesserten, wenn diese Zusatzinformationen nachträglich geliefert wurden. Ähnliches zeigt schließlich auch eine Untersuchung von Kennedy (1973b).

Texte dieser Art bilden jedoch eine Ausnahme. Denn in der Regel werden die Referenten, auf die sich die einzelnen Propositionen beziehen, nicht nur in der Überschrift, sondern auch im Text selbst genannt. Ein derartiger Text sollte deshalb ohne Überschrift nicht schlechter behalten werden als mit einer Überschrift. Allerdings kann es sein, daß ein Text mehrdeutig in dem Sinne ist, daß er auf den einen oder anderen Referenten beziehbar ist. Unter diesen Umständen sollte eine Überschrift zwar keinen quantitativen, wohl aber einen *qualitativen* Einfluß auf die Behaltensleistung ausüben. Denn in diesem Fall ist der Rezipient zwar in der Lage, propositionsübergreifende Relationen herzustellen, doch kann dies mit Hilfe unterschiedlicher Referenten erfolgen.

Daß diese Überlegungen zutreffend sind, zeigt eine Untersuchung von Schallert (1976). Hier behandelte einer der Texte die Befürchtungen eines nicht näher beschriebenen Managers, der angesichts großer Hitze Schwierigkeiten mit den ihm unterstellten Männern erwartet. Dieser Text wurde mit der Überschrift (37a) oder (37b) dargeboten oder aber ohne Überschrift (Kontrollbedingung).

(37a) Sorgen eines Baseballteam-Managers.

(37b) Sorgen eines Glashüttenmanagers.

Die Vpn sollten die Texte reproduzieren und wurden danach einem Rekognitionstest unterzogen. Hier erhielten sie Testsätze, die sich inhaltlich auf die eine oder andere Textinterpretation bezogen.

Ergebnis: Die verschiedenen Überschriften beeinflußten zwar nicht die Quantität, wohl aber die Qualität des Behaltenen. Dies zeigte der Rekognitionstest, bei dem diejenigen Testsätze gewählt wurden, welche der durch die Überschrift induzierten semantischen Textinterpretation entsprachen.

Interpretation: Je nach der Überschrift wurde das Argument MANAGER in der einen oder anderen Bedeutung interpretiert. Unter allen Überschriftsbedingungen wurden deshalb dieselben satzübergreifenden Recodierprozesse vollzogen, jedoch mit Hilfe unterschiedlicher Referenten. Deshalb zeigten sich zwar keine quantitativen, wohl aber qualitative Behaltensunterschiede.

Auch derartige Texte bilden freilich eine Ausnahme. Denn in der Regel sind Texte ohne Überschrift ebenso eindeutig wie mit einer Überschrift. Hier werden durch die Überschrift lediglich bestimmte Textinformationen vorweggenommen, die in dem Text selbst nochmals gegeben werden. Ist eine derartige Überschrift also wirkungslos? Dies ist nicht zu erwarten angesichts der texttheoretischen Überlegungen, die wir mit Haviland & Clark (1974), Kintsch et al. (1975), Perfetti & Goldman (1974, 1975) und anderen gestellt haben. Danach sollte auch diejenige Überschrift, die keine anderen Argumente enthält als der dazugehörige Text, die Eigenart der Subordinationsverhältnisse bestimmen, die zwischen den einzelnen Testpropositionen bestehen. Denn dadurch, daß eine Überschrift bestimmte Argumente des Textes vorwegnimmt, sind ihr diejenigen Propositionen direkt untergeordnet, die diese Argumente ebenfalls enthalten. Dagegen nehmen diese Propositionen eine niedrigere Hierarchie-Ebene ein, wenn eine Überschrift mit anderen Argumenten verwendet wird. Die Eigenart einer Überschrift sollte demzufolge die Struktur der semantischen Textbasis beeinflussen, was keine quantitativen, wohl aber qualitative Behaltensunterschiede zur Folge haben sollte.

Daß diese Vermutung zutreffend ist, zeigt eine Untersuchung (Bock 1976), in der Texte, die nach Art von Zeitungsartikeln gestaltet waren, unter 2 verschiedenen

Überschriften zum Behalten dargeboten wurden. Die Überschriften wurden so gewählt, daß sie sich inhaltlich auf die eine oder andere Texthälfte bezogen: Einer der Texte behandelte beispielsweise das Problem von Haushaltsunfällen. Berichtet wurde über eine diesbezügliche Dokumentation aus dem Bundesgesundheitsministerium und über ein Säureunglück in München. Dieser Text wurde unter der Überschrift (38a) oder (38b) zum Behalten dargeboten oder aber ohne Überschrift.

(38a) Unfälle im Haushalt! Dokumentation aus dem Bundesgesundheitsministerium.

(38b) Salzsäure statt Traubensaft! Gräßlicher Unfall in München.

Ergebnisse und Interpretation: Quantitativ betrachtet wurden die Texte unter den drei verschiedenen Überschriftsbedingungen annähernd gleich gut behalten: Ob ein Text mit oder ohne Überschrift dargeboten wurde, hatte auf die Anzahl der behaltenen Inhaltswörter also keinerlei Einfluß. Dies bestätigt unsere Vermutung, daß die von Dooling & Lachman (1971), Dooling & Mullet (1973) und Bransford & Johnson (1972) festgestellten quantitativen Behaltensunterschiede auf die Besonderheit der dort verwendeten Texte zurückzuführen sind.

Dennoch blieben die verschiedenen Überschriftsbedingungen nicht wirkungslos. Dies zeigte sich, als analysiert wurde, welche Inhaltswörter unter der jeweiligen Überschrift reproduziert wurden: Diejenigen Inhaltswörter, die mit einer Überschrift inhaltlich eng verbunden waren, wurden unter dieser Überschrift besser behalten als unter einer Überschrift, mit der sie inhaltlich weitgehend unverbunden waren. Die verschiedenen Überschriftsbedingungen beeinflußten demzufolge nicht die Quantität, wohl aber die Qualität der Behaltensleistungen.

Eine in Anlehnung an Kintsch (1974) durchgeführte propositionstheoretische Textanalyse ließ darüber hinaus erkennen, wie dieser Effekt zu interpretieren ist: Für einige Textpropositionen änderte sich je nach der Überschriftsbedingung die Hierarchie-Ebene und damit das Behalten ihrer Argumente; diese wurden gegenüber anderen Argumenten bevorzugt behalten, wenn die Proposition, der sie angehörten, unter der betreffenden Überschrift eine höhere Hierarchie-Ebene einnahm als andere Propositionen. Dieselben Argumente wurden dagegen schlechter behalten, wenn sich — bedingt durch die alternative Überschrift — die Hierarchie-Ebene ihrer Propositionen gegenüber anderen Propositionen erniedrigte. Es ist demzufolge keineswegs gleichgültig, ob und mit welcher Überschrift ein Text eingeleitet wird. Denn die Eigenart der Überschrift bestimmt seine hierarchische Propositionsstruktur und damit die Qualität der Textverarbeitung. Dies gilt auch dann, wenn der Text für sich genommen gut verständlich ist und die Überschrift keinerlei Zusatzinformationen enthält, die über die im Text gegebene Information hinausreichen.

Kontrollfragen

1. Wie läßt sich gedächtnispsychologisch begründen, daß ein Text mehr ist als die Summe seiner Sätze?
2. Definieren Sie die folgenden textlinguistischen Begriffe und versuchen Sie, diese miteinander in Beziehung zu setzen: Koreferenz, Rekurrenz, Anaphora, Kataphora, Thematisierung, semantische Kohärenz.
3. Vergleichen Sie die texttheoretischen Ansätze von Kintsch und Thorndyke! Gemeinsamkeiten — Unterschiede?
4. Geben Sie eine textlinguistische Erklärung für den Einfluß von Überschriften auf die Textverarbeitung!
5. Wann sollten Zusatzinformationen dargeboten werden, die zum Textverständnis notwendig sind; vor oder nach der Textdarbietung (Begründung)?

6. Verstehen und Behalten

6.1 Sprachverarbeitung als Problemlösungsprozeß

Die bislang diskutierten Untersuchungen haben gezeigt, daß die beim Behalten von Wörtern, Sätzen und Texten ablaufenden Recodierprozesse nach einem einheitlichen Prinzip beschrieben werden können: Der Rezipient versucht, zwischen einzelnen Wörtern oder Sätzen inhaltliche Zusammenhänge herzustellen; diese Zusammenhänge sind es, welche die Grundlage der Speicherung darstellen.
Sind Recodierprozesse damit an eine Behaltenssituation gebunden? Zu Beginn dieser Arbeit (vgl. Kap. 2) wurde der Anspruch erhoben, Gesetzmäßigkeiten jener Verarbeitungsvorgänge zu beschreiben, die auch — jedoch keinesfalls nur dann — Gültigkeit haben, wenn sich der Rezipient um das Behalten sprachlichen Materials bemüht. Im folgenden soll überprüft werden, inwieweit dieser Anspruch gerechtfertigt ist. Dabei wird zu zeigen sein, daß

1. Recodierprozesse sich nach dem allgemeinen Paradigma des Problemlösens beschreiben lassen;
2. Behaltensleistungen all jene Merkmale aufweisen, die als das Kennzeichen sprachlicher Verständnisleistungen gelten;
3. die Bedingungen, denen Recodierprozesse unterliegen, mit denjenigen Bedingungen identisch sind, von denen die Qualität sprachlicher Verständnisleistungen abhängig ist.

Ein Problem ist nach Dörner (1976) dadurch gekennzeichnet, daß ein unerwünschter Anfangszustand mit Hilfe bestimmter Operationen in einen erwünschten Endzustand überführt werden soll und dies Schwierigkeiten bereitet (siehe dazu auch Duncker 1935, Bergius 1964). Derartige Schwierigkeiten bestehen beim Behalten sprachlichen Materials in mehrfacher Hinsicht: Zunächst ist durch die Aufforderung an die Vpn, möglichst viel zu behalten, nicht eindeutig definiert, daß dies durch die Bildung übergeordneter Gedächtniseinheiten zu geschehen hat. Aber selbst dann, wenn dies der erwünschte Endzustand ist, den die Vp anstrebt, bestehen Probleme hinsichtlich der dazu notwendigen Operationen: Sie kann eine Imagery-Strategie verwenden, einzelne Wörter nach ihrer kategorialen Zusammengehörigkeit überprüfen, unverbundene Wörter oder Sätze durch eine erfundene Geschichte zu einer Einheit verbinden u. a. m.
Derartige Recodier-Strategien als »heuristische Problemlösungsoperation« im Sinne von Klix (1971), Dörner (1976) oder Sydow (1976) aufzufassen, erscheint aus mehreren Gründen fruchtbar: Man kann vermuten, daß die bei Problemlösungsprozessen involvierten Denkoperationen jenen Vorgängen zugrunde liegen, die in den vergangenen Kapiteln als Recodierprozesse 1. und 2. Ordnung diskutiert wurden. Dies ist vor allem für die von Guilford (1964) beschriebenen »konvergenten« und »divergenten« Denkoperationen zu vermuten, die zu den grundlegenden Operationen intelligenten Verhaltens gehören (siehe dazu auch Guthke 1974, 1977; Jäger 1967). Konvergente Operationen sind in den Fällen erforderlich, in denen es für ein gegebenes Problem nur eine einzige Lösung gibt. Dies gilt nach Guilford beispielsweise für das Herausfinden des gemeinsamen Oberbegriffs für

kategorial ähnliche Substantive. Endsprechend werden derartige Aufgaben in einer Reihe von Intelligenztests verwendet (so etwa in IST von Amthauer). Die hierbei geforderten Operationen entsprechen jenen Operationen, die eine Vp vollziehen muß, wenn sie eine Liste mit kategorial ähnlichen Wörtern behalten soll und dabei die Wörter mit Hilfe des gemeinsamen Oberbegriffs zu einer übergeordneten Gedächtniseinheit recodiert (vgl. Kap. 3).

Diese Recodierprozesse können dadurch erschwert werden, daß Wörter aus verschiedenen Kategorien in zufälliger Abfolge dargeboten werden, so daß die Wörter einer Kategorie weit auseinanderliegende Listenpositionen einnehmen. Unter diesen Umständen muß die zu behaltende Wortliste mehrfach oder für längere Zeit dargeboten werden, damit die Vp die Kategorien erkennen kann, denen die einzelnen Wörter angehören. Dasselbe gilt, wenn die Wörter eines zu behaltenden Satzes oder die Sätze eines Textes in zufälliger Abfolge dargeboten werden (vgl. Kap. 4 und 5); auch dies erschwert Recodierprozesse erheblich, verglichen mit der Situation, in der die Wörter oder Sätze in der richtigen Reihenfolge dargeboten werden.

Dieselbe Situation ist gegeben, wenn ein Proband sogenannte Anagrammaufgaben lösen soll, die ebenfalls Bestandteil einer Reihe von Intelligenztests sind. Auch hier werden die einzelnen Buchstaben eines Wortes oder die Wörter verschiedener Kategorien in zufälliger Abfolge dargeboten, deren richtige Abfolge ein Proband möglichst schnell herausfinden soll. —

Im Unterschied zu den dazu notwendigen konvergenten Denkoperationen sind divergente Operationen nach Guilford (1964) immer dort erforderlich, wo es für ein Problem keine eindeutige, richtige Lösung gibt. Dies ist der Fall, wenn beispielsweise für eine Zeitung möglichst verschiedene Verwendungszwecke aufzuzählen sind oder für eine Reihe vorgegebener Substantive viele verschiedenartige Untergruppen gebildet werden sollen. Bei Aufgaben dieser Art, welche die kreative Dimension der Intelligenz repräsentieren, muß ein Proband das sprachliche oder nichtsprachliche Material nach sehr unterschiedlichen Gesichtspunkten verarbeiten. Eben dies ist auch erforderlich, wenn sprachliches Material behalten werden soll, für das es keine eindeutigen, inhaltlichen Zusammenhänge gibt, die zur Recodierung verwendet werden können. Dies gilt beispielsweise für eine Liste mit unzusammenhängenden Wörtern oder Sätzen. Um sie behalten zu können, müssen sie nach einer Vielzahl von Gesichtspunkten verarbeitet werden. Denn nur auf diese Weise kann es gelingen, inhaltliche Zusammenhänge zu erkennen, welche die Bildung übergeordneter Gedächtniseinheiten erlauben (vgl. Kap. 3.2.2 und 4.3).

Hierbei könnten die von Kintsch (1972) und Rumelhart et al. (1972) beschriebenen Inferenzregeln eine wichtige Rolle spielen (siehe dazu auch Klix et al. 1976): Nach diesen Autoren ist anzunehmen, daß in unserem Sprachgedächtnis zusätzlich zu den semantischen Informationen Regeln gespeichert sind, mit deren Hilfe es möglich ist, inhaltliche Zusammenhänge zwischen Wörtern oder Sätzen herzustellen, deren Bedeutungen zunächst miteinander unvereinbar zu sein scheinen. Zu diesen Inferenzregeln gehören nach Kintsch Analogieregeln, die etwa auch bei der mataphorischen Verarbeitung eines Satzes oder Textes eine wichtige Rolle spielen. Danach ist ein Satz wie (39a) durchaus verständlich, obwohl er eine »semantische Anomalie« enthält.

(39a) Der Mensch ist ein reißender Wolf.

(39b) Der Mensch verhält sich wie ein reißender Wolf.

Mit Hilfe der Analogieregeln wird der Satz (39a) im Sinne von (39b) interpretiert; die Recodierung zu einer semantischen Einheit erfolgt, indem man von den semantischen Differenzen zwischen *Mensch* und *Wolf* absieht und lediglich ihre Gemeinsamkeiten berücksichtigt. Denn nur unter diesen Umständen wird die semantische Anomalie auflösbar und die Metapher dadurch verständlich (siehe dazu auch Hörmann 1972). —

Damit ist zugleich ein weiterer wichtiger Aspekt von Problemlösungsoperationen angesprochen, der auch bei der Sprachverarbeitung eine wichtige Rolle spielen sollte: die Einsicht oder das Verständnis eines Problems als das Resultat dieser Problemlösungsoperationen. Dieser Aspekt ist besonders von der Gestaltpsychologie untersucht worden (Duncker 1935, Katona 1940, Köhler 1947, Bergius 1964, Müller 1964). Und die Gestaltpsychologie ist es auch, die immer wieder betont hat, daß das Verstehen als Einsicht in strukturelle Zusammenhänge nicht nur beim Problemlösen eine wichtige Rolle spielt, sondern auch beim Wahrnehmen und Behalten. Wenn deshalb das Behalten sprachlichen Materials auf Recodierprozessen basiert, die als Problemlösungsoperationen aufzufassen sind, sollten sprachliche Reproduktionsleistungen all jene Merkmale aufweisen, die für Verständnisleistungen charakteristisch sind. Darauf soll im folgenden näher eingegangen werden.

6.2 Ähnlichkeiten zwischen sprachlichen Verständnis- und Reproduktionsleistungen

Definiert man mit Katona (1940) und anderen Gestaltpsychologen den Vorgang des Verstehens als Einsicht in strukturelle Zusammenhänge zwischen einzelnen Elementen, so lassen die bislang diskutierten Untersuchungen erkennen, daß Verständnisleistungen dieser Art auch beim Behalten von Wörtern, Sätzen und Texten eine entscheidende Rolle spielen: Wenn eine Vp kategorial ähnliche Wörter in zufälliger Reihenfolge erhält, die Wörter jedoch nicht in dieser Zufallsfolge, sondern als Cluster erinnert (Kap. 3.1.1), so macht dies deutlich, daß sie die Ähnlichkeitsrelationen zwischen den Wörtern erkannt und zur Organisation verwendet hat. Ähnliches gilt auch für die Reproduktion von Sätzen und Texten (Kap. 5.1): In Zufallsfolge dargebotene Textteile werden keinesfalls in zufälliger Abfolge erinnert, sondern geordnet nach den semantischen Relationen, die zwischen den einzelnen Textteilen bestehen. Verstehensprozesse sind demzufolge daran zu erkennen, daß eine Vp das sprachliche Material in einer Weise reproduziert, wie dies den semantischen Relationen zwischen den einzelnen Wörtern oder Sätzen entspricht und dabei unter Umständen von der Abfolge abweicht, in der diese dargeboten wurden.

Eben dies wird von einer Vp auch im Falle einer Paraphrasierungsaufgabe verlangt, die in der Sprachpsychologie häufig dazu verwendet wird, Verständnisleistungen zu erfassen (Carroll 1972). Hierbei soll eine Vp einen Satz in anderer Weise wiederholen, als er dargeboten wurde, ohne jedoch seine Bedeutung zu verändern. Diese Aufgabe kann sie dadurch lösen, daß sie den Satz syntaktisch transformiert, die Inhaltswörter also in einer veränderten Abfolge reproduziert und/oder durch Synonyme ersetzt (Honeck 1971). Ist eine Vp dazu in der Lage, wird angenommen, daß sie den Satz verstanden hat und ihn nicht nur mechanisch reproduziert; denn sonst wäre sie zu einer derartigen Paraphrasierung nicht in der Lage. Eine derartige Paraphrasierungsleistung erbringen Vpn jedoch auch dann, wenn sie einen zu behaltenden Satz oder Text reproduzieren sollen: Hier ist eine wörtliche Reproduktion die Ausnahme, während eine mit dem Satz- oder Textinhalt übereinstimmende Reproduktion die Regel ist (Bartlett 1932, Anderson 1974, Flores D'Arcais 1974; siehe dazu auch Kap. 4.3 und 5.3.2). Deshalb kann

man annehmen, daß Reproduktionsleistungen dieselben Verstehensprozesse widerspiegeln wie Paraphrasierungsleistungen.
Als ein weiteres wichtiges Maß für Verstehensprozesse werden logische Schlußfolgerungen gesehen, die eine Vp aus einer Satz- oder Textaussage ziehen kann (Deese 1969, Carroll 1972). Und auch hier zeigt sich wiederum, daß zwischen dem Problemlösen und dem Verstehen einerseits und dem Verstehen und dem Behalten andererseits enge Zusammenhänge bestehen: Nach einer Untersuchung von Kintsch & Monk (zitiert nach Kintsch 1974) besteht zwischen der semantischen Integrierbarkeit eines Textes und der Geschwindigkeit, mit der logische Schlußfolgerungen vollzogen werden können, ein direkter Zusammenhang: Aus leicht integrierbaren Textpropositionen können die Vpn schneller inhaltliche Schlußfolgerungen ziehen als aus schwer integrierbaren Propositionen (vgl. Kap. 5.3.2). Die semantische Integrierbarkeit von Propositionen determiniert jedoch auch, wie gut ein Text behalten werden kann (vgl. Kap. 5.3.4). Verstehensprozesse dieser Art spiegeln sich darüber hinaus auch in den Textreproduktionen wider: Hier tendieren die Vpn dazu, mehr Informationen zu reproduzieren, als ihnen zuvor dargeboten wurden. Und bei diesem Mehr an Informationen handelt es sich üblicherweise um inhaltliche Schlußfolgerungen, die die Vpn vorgenommen haben, ohne dazu aufgefordert worden zu sein (Bartlett 1932, Bransford, Barclay & Franks 1972, Frederiksen 1975c, Baggett 1975, Thorndyke 1976, Lawson 1977). —
Behaltensleistungen weisen damit jene Merkmale auf, die für Verständnisleistungen kennzeichnend sind. Entsprechend liegt die Annahme nahe, daß in beiden Fällen dieselben Prozesse involviert sind, nämlich jene Recodierprozesse, die als Problemlösungsoperationen gekennzeichnet werden können. Dies ist auch aus theoretischen Gründen anzunehmen. Denn nach Deese (1969) gehören das Gruppieren, Klassifizieren und das Herstellen von Subordination und Superordination zu den Grundoperationen, auf denen das Verständnis basiert. Zugleich sind dies diejenigen Operationen, die bei der Recodierung einer Wortliste, eines Satzes oder eines Textes vollzogen werden (Kap. 3, 4, 5). Deshalb sollten diejenigen Bedingungen, die zu einem guten oder schlechten Sprachverständnis führen, den Bedingungen entsprechen, von denen in den vergangenen Kapiteln gezeigt worden ist, daß sie die Recodierung und damit das Behalten sprachlichen Materials erleichtern oder erschweren. Dies ist der Aspekt, unter dem das Problem der Verarbeitung konkreter und abstrakter Sätze im folgenden erneut aufgegriffen wird. Zugleich soll dadurch einmal mehr gezeigt werden, daß Recodierprozesse zu den grundlegenden Prozessen intelligenten Verhaltens gehören, die keinesfalls an eine Behaltensaufgabe gebunden sind.

6.3 Recodierprozesse als Ursache und Folge von Verständnisleistungen

6.3.1 Das Verstehen und Behalten konkreter und abstrakter Sätze

Mittlerweile ist unumstritten, daß konkrete Wörter, Sätze und Texte im Vergleich zu abstrakten in der Regel bevorzugt behalten werden. Umstritten ist allerdings, warum dies so ist (vgl. Kap. 3.2.3; 4.2; 5.2): Paivio (1971) nimmt an, daß konkretes Sprachmaterial imaginativ *und* »linguistisch« gespeichert wird und damit abstraktem Material gegenüber im Vorteil ist. Denn dieses kann nur linguistisch gespeichert werden, was immer auch darunter zu verstehen sein mag.
Eine Reihe von Untersuchungen — darunter eine Untersuchung von Paivio selbst (Marschark & Paivio 1977) — sprechen jedoch gegen diese Sichtweise: Danach ist

anzunehmen, daß sich konkrete und abstrakte Wörter, Sätze und Texte lediglich in dem Grad ihrer Recodierbarkeit voneinander unterscheiden. Wenn aber das Sprachverständnis auf denselben Recodierprozessen basiert wie das Behalten sprachlichen Materials, sollte konkretes und abstraktes Sprachmaterial nicht nur unterschiedlich behalten werden, sondern auch unterschiedlich verständlich sein. Eine Untersuchung von Johnson, Bransford, Nyberg & Cleary (1972) zeigt, daß diese Überlegungen zutreffend sind: Begg & Paivio (1969) hatten gezeigt, daß konkrete Sätze besser behalten werden als abstrakte Sätze (Kap. 4.2). Dieselben Sätze sollten in der Untersuchung von Johnson et al. auf einer Skala nach ihrer Verständlichkeit eingestuft werden.
Ergebnis: Konkrete Sätze wurden im Vergleich zu abstrakten als verständlicher beurteilt.
Dasselbe zeigen Untersuchungen von Klee & Eysenck (1973), Holmes & Langford (1976) und Jorgensen & Kintsch (1973, zitiert nach Holyoak 1974), in denen das Satzverständnis in der folgenden Weise erfaßt wurde: Entweder sollte bei einem Satz wie (40) möglichst schnell die Normalität beurteilt oder bei einem Satz wie (41) entschieden werden, ob seine Aussage zutreffend ist oder nicht.

(40) Die starke Armee schlug die wilde Perle.
(41) Ein Rotkehlchen frißt Würmer.

Ergebnis: Verständnisleistungen dieser Art wurden bei konkreten Sätzen schneller erbracht als bei abstrakten Sätzen.
Untersuchungen von Holyoak (1974), in denen Sätze nach Art von (41) verwendet wurden, lassen erkennen, wie dies zu interpretieren ist. Hier sollten die Vpn die Sätze hinsichtlich der Bedeutungsähnlichkeit von Subjekt und Objekt, der Definierbarkeit ihrer Verben und ihrer Verständlichkeit beurteilen.

Ergebnisse:
1. War die Satzaussage zutreffend, wurde bei konkreten Sätzen im Vergleich zu abstrakten das Subjekt und das Objekt als bedeutungsähnlicher eingestuft. Bei einer unzutreffenden Satzaussage dagegen war es genau umgekehrt: Hier waren es die abstrakten Sätze, bei denen Subjekt und Objekt als bedeutungsähnlicher eingestuft wurden.
2. Die Verben konkreter Sätze wurden als leichter definierbar beurteilt.
3. Dasselbe zeigte sich für die Beurteilung der Verständlichkeit: Auch hier erschienen konkrete im Vergleich zu abstrakten Sätzen als verständlicher.

Interpretation: Bei konkreten Sätzen lassen sich zwischen den Substantiven leichter semantische Relationen herstellen als bei abstrakten Sätzen. Dies liegt zunächst an den Verben, die bei konkreten Sätzen leichter verstehbar sind, so daß die Vp den Subjekt-Objekt-Vergleich schneller vollziehen kann als bei abstrakten Sätzen.
Aber auch der Vergleich selbst fällt bei konkreten Sätzen leichter: Trifft die Satzaussage zu, ist die Bedeutungsähnlichkeit von Subjekt und Objekt bei einem konkreten Satz größer, so daß eine semantische Übereinstimmung hier schneller festzustellen ist als bei einem abstrakten Satz. Dasselbe gilt für Recodierprozesse: Diese können bei ähnlichen Wörtern leichter vollzogen werden als bei unähnlichen. Anders dagegen im Falle einer unzutreffenden Satzaussage: Hier ist eine semantische Unvereinbarkeit bei unähnlichen Wörtern schneller festzustellen als bei ähnlichen. Und auch in dieser Situation sind konkrete Sätze gegenüber abstrakten im Vorteil, da hier die Subjekt-Objekt-Ähnlichkeit geringer ist (siehe dazu auch das

semantische Entscheidungsmodell von Smith, Shoben & Rips 1974 sowie Bock 1976).

Die unterschiedliche Verständlichkeit konkreter und abstrakter Sätze erweist sich damit ebenso als ein relationaler Effekt wie die diesbezüglichen Behaltensunterschiede: Um einen Satz zu einer semantischen Einheit recodieren oder seine Aussage beurteilen zu können, müssen die einzelnen Wörter inhaltlich miteinander verglichen werden. Und diese Vergleichsoperationen können bei konkreten Sätzen leichter vollzogen werden als bei abstrakten Sätzen. Dies steht in gutem Einklang mit der Annahme (vgl. Kap. 6.1), daß Verständnis- und Behaltensleistungen dieselben grundlegenden Operationen involvieren.

Mit dieser Annahme vereinbar sind auch diejenigen Fälle, in denen konkrete und abstrakte Sätze als gleich verständlich beurteilt werden. Hier kann man die Verständlichkeitsurteile als das Resultat unterschiedlicher Operationen ansehen, deren Unterschiedlichkeit auch dafür verantwortlich ist, daß konkrete Sätze besser behalten werden als abstrakte Sätze: Beide Satzarten unterscheiden sich voneinander durch ihre Recodierbarkeit und damit durch den Umfang ihrer Gedächtniseinheiten. Die Wörter eines konkreten Satzes lassen sich deshalb leicht zu umfassenderen Gedächtniseinheiten recodieren, während dies bei einem abstrakten Satz auch mit einiger Anstrengung nur unvollständig gelingt. Deshalb werden beide Satzarten unterschiedlich gut behalten und als unterschiedlich verständlich eingestuft, wenn die Vpn die Verständlichkeit konkreter *und* abstrakter Sätze danach beurteilen, wie leicht es ihnen fällt, deren Wörter inhaltlich miteinander zu verbinden. Dieses Verständlichkeitskriterium hatten die Vpn offensichtlich in den bisher diskutierten Untersuchungen ihrem Urteil zugrunde gelegt, doch folgt daraus nicht, daß die Satzverständlichkeit in allen Fällen nach einer derartigen Kriterium beurteilt wird. Wenn nämlich durch die Art der Aufgabenstellung offenbleibt, wie die Vpn die Verständlichkeit eines Satzes beurteilen sollen, liegt es bei abstrakten Sätzen weniger nahe als bei konkreten, sich bei seinem Urteil am inhaltlichen Wortzusammenhang zu orientieren. Denn bei dieser Satzart ist es das einzelne Wort, welches eine Gedächtniseinheit konstituiert. Wenn es dem Aufgabenverständnis der Vp nicht widerspricht, könnte es deshalb für sie naheliegender sein, bei abstrakten Sätzen die Verständlichkeit der Einzelwörter zu beurteilen und nicht — wie bei konkreten Sätzen — den Wortzusammenhang. Es ist deshalb durchaus denkbar, daß konkrete und abstrakte Sätze unter diesen Umständen als gleich verständlich beurteilt werden. Diese würde bedeuten, daß in diesem Fall die gleichen Verständlichkeitsurteile auf einem dem Aufgabenverständnis entsprechenden unterschiedlichen Stadium der Recodierprozesse basieren: auf der Bedeutung einzelner Wörter im Falle abstrakter Sätze, auf den inhaltlichen Zusammenhängen zwischen den Wörtern im Falle der konkreten Sätze.

Dies macht eine Untersuchung von Paivio & Begg (1971) verständlich, bei der die Vpn die bereits von Begg & Paivio (1969) verwendeten Sätze mit der Instruktion erhielten, auf eine Taste zu drücken, wenn sie den jeweiligen Satz verstanden hatten. Andere Vpn sollten mit einem Tastendruck reagieren, wenn sie die Aussage des Satzes bildhaft vor Augen hatten. Ergebnisse:

1. Konkrete und abstrakte Sätze wurden gleich schnell verstanden; die Satzaussage konnten sich die Vpn bei konkreten Sätzen jedoch schneller vorstellen als bei abstrakten Sätzen.
2. Bei konkreten Sätzen bestand zwischen den Verstehens- und Imagery-Zeiten

kein Unterschied, wohl aber bei abstrakten Sätzen; hier waren die Verstehenszeiten deutlich kürzer als die Imagery-Zeiten.

Interpretation: Konkrete Sätze sind leichter recodierbar und können deshalb schneller zu einer Einheit integriert werden als abstrakte Sätze. Dies ist auch das Kriterium, an dem sich die Vpn im Falle der konkreten Sätze orientiert hatten. Deshalb entsprachen hier die Verstehens-Latenzen der Geschwindigkeit, mit der sich die Vpn die Satzaussage vorstellen konnten. Anders dagegen im Falle der abstrakten Sätze: Diese sind weniger leicht recodierbar, so daß es länger als bei konkreten Sätzen dauerte, bis die Vpn ein dem inhaltlichen Zusammenhang der Wörter entsprechendes Vorstellungsbild erzeugen konnten. Das Urteil über die Verständlichkeit dagegen wurde hier sehr viel schneller abgegeben, und zwar ebenso schnell wie bei konkreten Sätzen. Deshalb ist anzunehmen, daß sich die Vpn unter diesen Umständen nicht an dem Zusammenhang der Wörter orientierten, sondern an der Bedeutung der Einzelwörter. Diese konnten sie auch dann erfassen, wenn die Recodierung der Einzelwörter zu umfassenderen Gedächtniseinheiten schwerfiel. Die hierbei gefällten Verständlichkeitsurteile basierten deshalb auf unvollständigeren Recodierprozessen als die Vorstellungen der Satzaussagen und die Verständlichkeitsurteile im Falle der konkreten Sätze.
Eine derartige Interpretation wird auch durch die schon diskutierten Untersuchungsergebnisse von Johnson et al. (1972) nahegelegt: Hier wurden abstrakte Sätze im Vergleich zu konkreten Sätzen als unverständlicher eingestuft, obwohl es sich dabei um dieselben Sätze handelte wie diejenigen, die Begg & Paivio (1969) verwendet hatten. Deshalb ist anzunehmen, daß sich die Vpn bei ihrem Verständlichkeitsurteil hier in allen Fällen an dem Bedeutungszusammenhang orientiert haben.
Wenn diese Interpretation zutreffend ist, sollten konkrete und abstrakte Sätze auch dann unterschiedlich behalten werden, wenn sie als gleich verständlich beurteilt worden sind. Denn im Unterschied zu den Verständlichkeitsurteilen sollten die Behaltensleistungen bei konkreten und abstrakten Sätzen davon abhängen, wie gut es den Vpn gelungen ist, die einzelnen Wörter inhaltlich miteinander zu verbinden. Daß diese Erwartung zutreffend ist, zeigen Untersuchungen von Moeser (1974), die bereits in anderem Zusammenhang diskutiert wurden (vgl. Kap. 4.2): Hier sollten die Vpn konkrete und abstrakte Sätze behalten, die in Vorversuchen als gleich verständlich beurteilt worden waren. In einem Teil der Versuche konnten die Vpn dabei selbst bestimmen, wie lange der jeweilige Satz exponiert wurde. Diese Expositionszeiten wurden registriert, wobei sich folgendes zeigte: Obwohl die konkreten und abstrakten Sätze als gleich verständlich eingestuft worden waren, wählten die Vpn bei den abstrakten Sätzen eine längere Expositionszeit. Und dennoch wurden sie schlechter behalten als die konkreten Sätze.
Interpretation: In der Voruntersuchung wurde die Verständlichkeit konkreter und abstrakter Sätze nach einem unterschiedlichen Kriterium beurteilt, so daß die übereinstimmenden Verständlichkeitsurteile auf unterschiedlichen Operationen basierten. Daß dies so war, zeigen die unterschiedlichen Behaltensleistungen: Abstrakte Sätze wurden schlechter behalten, obwohl sie zuvor als ebenso verständlich beurteilt worden waren wie die konkreten Sätze. Deshalb ist anzunehmen, daß die Verständlichkeitsurteile ebenso wie die Behaltensleistungen im Falle der abstrakten Sätze auf einem frühen, im Falle der konkreten Sätze dagegen auf einem fortgeschrittenen Recodierstadium basierten; dort bestand eine Gedächtniseinheit aus einem Einzelwort, hier aus zusammenhängenden Wörtern.

Bleibt zu fragen, warum sich die Vpn je nach der Satzart und der Versuchssituation unterschiedliche Verständlichkeitskriterien setzten; in der zuletzt diskutierten Untersuchung wie in der Untersuchung von Paivio & Begg (1971) basierten die gleichen Verständlichkeitsurteile auf unterschiedlichen Kriterien; in der Untersuchung von Johnson et al. (1972) dagegen auf demselben Kriterium, so daß die Verständlichkeit konkreter und abstrakter Sätze unterschiedlich beurteilt wurde.

Dieses unterschiedliche Verhalten der Vpn wird verständlich, wenn man bedenkt, daß es sich bei der Aufforderung, einen Satz zu verstehen oder seine Verständlichkeit zu beurteilen, um eine relativ unklare Problemstellung handelt: Der Vp werden keine Zielkriterien gegeben, anhand derer sie entscheiden kann, ob sie das Problem im Sinne des Versuchsleiters gelöst hat oder nicht. Hierbei handelt es sich nach Dörner (1976) um ein Problem mit einer »dialektischen« Barriere: Das angestrebte Zielkriterium ist nicht von vornherein vorhanden, sondern entwickelt und verändert sich im Gefolge des Problemlösungsprozesses und ist damit nicht nur die Ursache, sondern auch die Folge von Problemlösungsoperationen. Dies läßt im Hinblick auf die Beurteilung der Satzverständlichkeit folgendes vermuten: Ein abstrakter Satz zerfällt beim erstmaligen Lesen in mehrere semantische Einheiten. Wenn es der Aufgabenstellung nicht widerspricht, kann der Rezipient damit die Recodierprozesse abbrechen und das Verständlichkeitsurteil auf der Basis dieser Gedächtniseinheiten abgeben, d. h. auf der Basis einzelner Wörter. Er kann jedoch das Verständlichkeitskriterium auch »höher« setzen und sich um ein Verständnis des Wortzusammenhangs bemühen.

Die Entscheidung für ein bestimmtes Verständlichkeitskriterium sollte dabei nicht unabhängig von der Situation und dem dadurch bedingten Aufgabenverständnis getroffen werden: In der Untersuchung von Paivio & Begg (1971) standen die Vpn unter einem gewissen Zeitdruck, da sie einen Satz möglichst schnell verstehen und eine entsprechende Reaktionstaste bedienen sollten. Man kann deshalb vermuten, daß sie bei den nur schwer recodierbaren abstrakten Sätzen die Verständlichkeit einzelner Wörter beurteilt haben, ohne zu versuchen, diese inhaltlich miteinander zu verbinden. Ähnliches ist für die von Moeser (1974) realisierte Situation zu vermuten, bei der ebenfalls der Zeitaspekt thematisiert wurde: Hier wurde den Vpn durch die Behaltensaufgabe zwar nahegelegt, die Sätze integrativ zu verarbeiten und sich damit ein am Zusammenhang der Wörter orientertes Verständlichkeitskriterium zu setzen; doch war es ihnen durchaus möglich, dieses Kriterium nach einem Mißerfolg dieser Bemühungen niedriger anzusetzen und damit zu verzichten, wortübergreifende Recodierprozesse 1. Ordnung zu vollziehen. Denn dies verstieß nicht gegen die vom Versuchsleiter gestellte Aufgabe. Dadurch wird verständlich, warum in diesem Versuch abstrakte Sätze von den Vpn länger inspiziert wurden und dennoch schlechter behalten wurden als konkrete Sätze: Aufgrund der schlechteren Recodierbarkeit abstrakter Sätze sahen sich die Vpn veranlaßt, sich ein weniger anspruchsvolles und damit schneller zu erreichendes Verständlichkeitskriterium zu setzen als die Vpn der Untersuchung von Johnson et al. (1972). Hier sollte die Verständlichkeit der Sätze auf einer Skala eingestuft werden, ohne daß der Zeitaspekt thematisiert wurde. Deshalb ist anzunehmen, daß die Vpn in diesem Fall durch das »höhere« Verständlichkeitskriterium dazu veranlaßt wurden, wortübergreifende Recodierprozesse 1. Ordnung zu vollziehen. Dies fiel jedoch schwerer als bei konkreten Sätzen. Denn ein konkreter Satz führt bereits beim erstmaligen Lesen zu integrativen Vorstellungen. Dies macht auch verständlich, warum bei dieser Satzart in jedem Fall ein einheitliches, am Wortzusammenhang orientiertes Verständlichkeitskriterium nahegelegt wurde, unabhängig von den jeweiligen Versuchsumständen. Die Verarbeitung konkreter Sätze gleicht deshalb in sehr viel geringerem Ausmaß einer Problemstellung mit einer »dialektischen Barriere« (Dörner 1976) als die Verarbeitung abstrakter Sätze, deren Verständlichkeit die Vpn je nach den Versuchsumständen nach einem anderen Kriterium beurteilten und entsprechend unterschiedlich weitgehend recodiert haben.

Darin ist nicht nur die Annahme impliziert, daß das Verständlichkeitsurteil auf Recodierprozessen basiert, sondern auch umgekehrt die Eigenart dieser Recodierprozesse durch das Aufgabenverständnis und damit durch das Verständlichkeitskriterium determiniert wird, welches sich eine Vp setzt.

Wenn die Annahme einer derartigen Ursache-Wirkungsrelation sinnvoll ist, sollte sich deshalb zeigen lassen, daß abstrakte Sätze ebenso recodiert und damit ebenso gut behalten werden können wie konkrete Sätze,

1. wenn man die Vpn dazu veranlaßt, sich auch bei abstrakten Sätzen ein am Wortzusammenhang, d. h. an der Satzaussage orientiertes Verständlichkeitskriterium zu setzen, wie dies bei konkreten Sätzen die Regel ist,
2. wenn man die Vpn in die Lage versetzt, dieses Kriterium trotz der Tatsache zu erreichen, daß abstrakte Sätze sehr viel schwieriger zu recodieren sind als konkrete Sätze.

Untersuchungen von Franks & Bransford (1972, vgl. Kap. 5.2) lassen vermuten, wie dies zu erreichen ist: Dort wurden abstrakte Sätze ebenso integrativ verarbeitet wie konkrete Sätze, wenn sie nicht isoliert, sondern als Bestandteil eines Textes dargeboten wurden.

Entsprechend boten Pezdek & Royer (1974) einem Teil ihrer Vpn konkrete und abstrakte Sätze in Verbindung mit einem kurzen, das Verständnis des Testsatzes erleichternden Kontext dar: Die Vpn hörten zunächst drei Kontextsätze und danach einen Testsatz, der sich inhaltlich auf die zuvor dargebotenen Sätze bezog. Danach hörten sie drei weitere Kontextsätze, denen als vierter Satz ein konkreter oder abstrakter Testsatz folgte usf. Den Vpn der Kontrollgruppe wurden die Testsätze dagegen ohne Kontextsätze dargeboten. Das Behalten wurde in der üblichen Weise mit Hilfe eines Rekognitionstests überprüft: Die Vpn erhielten eine Reihe von Sätzen, von denen ein Teil mit den Testsätzen identisch war, ein zweiter Teil formal und ein dritter Teil hinsichtlich der Bedeutung von den Testsätzen abwich. Die Aufgabe bestand darin, die Übereinstimmung zwischen Rekognitions- und Testsätzen festzustellen und die Urteilssicherheit anzugeben. (Diese Daten wurden einer Signal-entdeckungstheoretischen Analyse unterzogen; die Ergebnisse dieser Untersuchung können deshalb nicht als Ausdruck eines Response-Sets im Sinne Moesers 1974 interpretiert werden; vgl. Kapitel 4.2): Bei beiden Satzarten spielte es für das Entdecken formaler Testsatzveränderungen keine Rolle, ob die Sätze mit oder ohne einen Kontext dargeboten wurden. Anders dagegen im Falle semantischer Veränderungen, welche die Relationen zwischen den Wörtern betrafen: Wurden die Sätze ohne einen Kontext dargeboten, bemerkten die Vpn derartige Veränderungen bei konkreten Testsätzen sehr viel besser als bei abstrakten Sätzen. Dies entspricht den Befunden von Begg & Paivio (1969) und Moeser (1974). Anders verhielt es sich dagegen, wenn die Testsätze zusammen mit einem verständniserleichternden Kontext dargeboten wurden: Unter diesen Umständen wurden abstrakte Sätze ebenso gut behalten wie konkrete Sätze, so

daß Bedeutungsveränderungen bei beiden Satzarten mit derselben Zuverlässigkeit bemerkt wurden.
Interpretation: Die unterschiedliche Recodierbarkeit konkreter und abstrakter Sätze hat zur Folge, daß sich die Vpn unterschiedliche Verständlichkeitskriterien setzen, wenn die Sätze isoliert dargeboten werden. Deshalb unterbleiben unter diesen Umständen bei abstrakten Sätzen wortübergreifende Recodierprozesse, die dadurch schlechter behalten werden als konkrete Sätze. Bei dieser Satzart liegt es ihrer leichteren Recodierbarkeit wegen nahe, sich ein am Wortzusammenhang orientiertes Verständlichkeitskriterium zu setzen und damit wortübergreifende Recodierprozesse zu vollziehen. Werden dagegen beide Satzarten in Verbindung mit einem verständniserleichternden Kontext dargeboten, liegt es auch im Falle der abstrakten Sätze nahe, sich um ein Verständnis der Satzaussage zu bemühen. Dies hat zur Folge, daß auch bei diesen Sätzen Recodierprozesse vollzogen werden, die denjenigen entsprechen, die bei konkreten Sätzen vollzogen werden. Anders als bei den zuvor diskutierten Untersuchungen werden deshalb abstrakte und konkrete Sätze unter diesen Umständen gleich gut behalten. Darüber hinaus wird durch diese Befunde nahegelegt, den Behaltensunterschied zwischen isoliert dargebotenen konkreten und abstrakten Sätzen textpsychologisch zu erklären: Konkrete Sätze erzeugen im Rezipienten ein einheitliches Vorstellungsbild und schaffen sich damit ihren eigenen, verständniserleichternden Kontext, der festlegt, wie diese zu verstehen sind. Bei isoliert dargebotenen abstrakten Sätzen fehlt dagegen ein derartiger Kontext, so daß das Verständlichkeitskriterium unklar ist.
Wie gut ein Satz verstanden und behalten wird, hängt demzufolge nicht nur von dem Satz selbst ab, sondern auch von seinem Kontext (siehe dazu auch Bock — im Druck). Deshalb liegt die Frage nahe, welcher Zusammenhang zwischen dem Verstehen und Behalten eines Textes besteht. Dieser Frage soll im folgenden Kapitel nachgegangen werden.

6.3.2 Das Verstehen und Behalten von Texten

Die im letzten Kapitel diskutierten Untersuchungen zeigen, daß es sinnvoll ist, Recodierprozesse als Problemlösungsoperationen aufzufassen, deren Eigenart durch das Aufgabenverständnis der Vpn determiniert wird: Nur dadurch wird erklärbar, warum konkrete und abstrakte Sätze je nach den Versuchsumständen unterschiedlich verstanden und behalten werden und warum derartige Unterschiede nicht auftreten, wenn die Sätze in Verbindung mit einem verständniserleichternden Kontext dargeboten werden: Durch den Kontext wird den Vpn ein einheitliches Verständlichkeitskriterium nahegelegt, das sie dazu veranlaßt, die Sätze integrativ zu verarbeiten, und sie zugleich in die Lage versetzt, dieses Kriterium zu erreichen.
Eben dies ist auch bei einem Text gegeben, bei dem vorangehende Sätze für nachfolgende Sätze eine Kontextfunktion übernehmen. Die schon diskutierte Untersuchung von Haviland & Clark (1974) zeigt in diesem Zusammenhang, daß ein Satz um so leichter verstanden wird, je besser er inhaltlich auf einen Kontextsatz bezogen werden kann (vgl. Kapitel 5.3.5).
Diese Untersuchung ist darüber hinaus auch im Hinblick auf die Aufgabe bemerkenswert, die den Vpn gestellt wurde: Sie sollten jeweils den zweiten Satz eines Paares verstehen, ohne daß dies näher spezifiziert wurde. Auch hier blieb es also den einzelnen Vpn überlassen, sich ein eigenes Verständlichkeitskriterium zu

setzen. Dennoch verwendeten offensichtlich alle dasselbe Kriterium: Sie beurteilten den Satz danach, wie gut sie seine Aussage im Hinblick auf die Aussage des Kontextsatzes verstehen konnten, genauer: inwieweit es ihnen gelang, den Testsatz mit Argumenten zu verknüpfen, die durch den Kontextsatz gegeben wurden (siehe dazu auch Honeck 1973). Dies zeigt, daß ein kontextspezifisches Verständlichkeitskriterium nicht nur wortübergreifende Recodierprozesse 1. Ordnung zur Folge hat, sondern auch satzübergreifende Recodierprozesse 2. Ordnung, durch die einzelne Sätze zu der semantischen Einheit »Text« integriert werden (vgl. Kap. 5.1). Dies bedeutet darüber hinaus, daß Recodierprozesse 2. Ordnung ebensowenig wie Recodierprozesse 1. Ordnung an eine Behaltensaufgabe gebunden sind, weil es bei aufeinanderfolgenden Sätzen offenbar naheliegt, sich um ein Verständnis des Satzzusammenhangs zu bemühen.
Sind damit Recodierprozesse 2. Ordnung ebenso als Problemlösungsoperationen anzusehen wie Recodierprozesse 1. Ordnung, von denen im letzten Kapitel gezeigt wurde, daß sie ein entsprechendes Aufgabenverständnis der Vpn voraussetzen? Wenn dies zutreffend ist, sollten satzübergreifende Recodierprozesse unterbleiben und lediglich Recodierprozesse 1. Ordnung vollzogen werden, wenn die Vpn durch die Art der Aufgabenstellung dazu veranlaßt werden, sich *kein* kontextspezifisches Verständlichkeitskriterium zu setzen, sondern ein »niedrigeres«, an der Aussage der Einzelsätze orientiertes Kriterium. Unter diesen Umständen sollte jeder Satz als eine gesonderte Einheit verarbeitet werden, so wie im Falle eines Satzes jedes Wort als eine gesonderte Einheit verarbeitet wird, wenn die Vpn die Verständlichkeit einzelner Wörter beurteilen.
Daß diese Vermutung zutreffend ist, konnte Moeser (1976) durch eine Reihe von Untersuchungen belegen, die folgenden Aufbau hatten: Wie bei Bransford & Franks (1971, vgl. Kap. 5.1) hörten die Vpn eine Reihe von Propositionen, die zusammen eine übergeordnete Grundidee nach Art von (42a) konstituierten.

(42a) Die Tanten aßen Gelee. Das Gelee stand auf dem Tisch. Der Tisch befand sich in der Küche.
(42b) Wo stand der Tisch?
(42c) Die Tanten waren in der Küche. Die Katze war in der Küche.
(42d) Die Tanten aßen Gelee. Das Mädchen aß Gelee.

Moesers Fragestellung: Werden die von Bransford & Franks beschriebenen integrativen Recodierprozesse 2. Ordnung gleichsam automatisch vollzogen, oder lassen sie sich unter Umständen verhindern? Nach unseren bisherigen Überlegungen sollten derartige Integrationsprozesse dann unterbleiben, wenn man die Vpn dazu veranlaßt, sich lediglich ein auf die einzelne Proposition bezogenes Verständlichkeitskriterium zu setzen. Dies versuchte Moeser auf folgende Weise zu erreichen: In einigen Fällen bot er die einzelnen Propositionen nicht in einer den Grundideen entsprechenden logisch-adäquaten Abfolge dar, sondern in zufälliger Abfolge. Darüber hinaus stellte er nach jeder Proposition eine Zwischenfrage nach Art von (42b). In anderen Fällen versuchte er, die Aufmerksamkeit des Rezipienten dadurch auf die einzelnen Propositionen zu lenken, daß er jede Proposition mit einem Bild versah, welches ihre Aussage abbildete. In anderen Fällen sollten die Vpn jede zuletzt gehörte Proposition laut wiederholen, bevor eine neue Proposition dargeboten wurde.

All diese Maßnahmen sollten dazu führen, daß sich die Vpn um das Verständnis der Einzelpropositionen bemühen. Unter diesen Umständen sollte ihnen deshalb nicht in den Sinn kommen, integrative, am Zusammenhang zwischen den Propositionen orientierte Recodierprozesse 2. Ordnung zu vollziehen.

Moeser überprüfte dies, indem er seinen Vpn am Ende des Versuchs zwei verschiedene Arten von Aufgaben stellte: Inferenzaufgaben, die die Vpn nur dann lösen konnten, wenn sie propositionsübergreifende Recodierprozesse vollzogen hatten, und Kontrollaufgaben, die sie auch dann lösen konnten, wenn sie jede Proposition als eine gesonderte Einheit verarbeitet hatten. Die Propositionen der Inferenzaufgaben enthielten nach Art von (42c) Argumente, die zuvor nicht in einer, sondern in zwei verschiedenen Propositionen verwendet worden waren. Eine »richtige« Proposition verknüpfte dabei Argumente aus Propositionen, die einer gemeinsamen Grundidee angehörten, im Falle von (42c) also die Argumente TANTE und KÜCHE aus Propositionen der Grundidee (42a). Eine »falsche« Proposition verknüpfte dagegen Argumente aus Propositionen, die verschiedenen Grundideen angehörten. Hier konnten die Vpn also nur dann zwischen richtigen und falschen Schlußfolgerungen unterscheiden, wenn sie die zuvor gehörten Propositionen nach ihrer Zugehörigkeit zu den übergeordneten Grundideen miteinander verknüpft hatten.
Anders dagegen bei den Kontrollaufgaben nach Art von (42d). Hier waren die richtigen Feststellungen mit den zuvor gehörten Propositionen identisch, während die falschen Propositionen Argumente verknüpften, die zuvor in verschiedenen Propositionen verwendet worden waren. Kontrollaufgaben konnten die Vpn demzufolge auch dann lösen, wenn sie zuvor jede Proposition als eine gesonderte Einheit verarbeitet hatten. Das Verhältnis von gelösten Inferenzaufgaben zu gelösten Kontrollaufgaben indizierte deshalb, inwieweit die Vpn nicht nur Recodierprozesse 1. Ordnung vollzogen hatten, sondern auch propositionsübergreifende Recodierprozesse 2. Ordnung.
Ergebnisse: Unter allen bisher genannten Bedingungen wurden Inferenzaufgaben sehr viel schlechter gelöst als Kontrollaufgaben. Dies galt auch dann, wenn die einzelnen Propositionen nicht in zufälliger Abfolge dargeboten wurden, sondern in einer den Grundideen entsprechenden logisch adäquaten Abfolge; auch hier unterblieben die von Bransford & Franks (1971) beschriebenen integrativen Recodierprozesse 2. Ordnung. Durch die Art der Aufgabenstellung waren die Vpn offensichtlich dazu veranlaßt worden, sich ein an der Einzelproposition orientiertes Verständlichkeitskriterium zu setzen.

Dies änderte sich jedoch grundlegend, wenn die Vpn zunächst einen zusammenhängenden Textteil erhielten, und erst danach — wie in den zuvor diskutierten Untersuchungen — einzelne Propositionen, die auf die Situation bezogen werden sollten, die der Teiltext beschrieb. Unter diesen Umständen wurden die Inferenzaufgaben ebenso gut gelöst wie die Kontrollaufgaben. Dies galt selbst dann, wenn die einzelnen Propositionen nicht nur durch Zwischenfragen zeitlich voneinander getrennt waren, sondern darüber hinaus in zufälliger Abfolge dargeboten wurden.
Dies kann nur mit der Doppelfunktion des Textes erklärt werden, durch den die Darbietung der einzelnen Propositionen eingeleitet wurde: Er veranlaßte die Vpn, sich um ein Verständnis des Zusammenhangs zwischen den Einzelpropositionen zu bemühen. Zugleich versetzte er sie in die Lage, dieses Ziel zu erreichen, trotz der zufälligen Abfolge der Propositionen und trotz der interpolierten Fragen.
Dies ist keineswegs selbstverständlich. Denn eine Untersuchung von Bransford & Johnson (1972) zeigt, daß Recodierprozesse 2. Ordnung auch dann ausbleiben können, wenn sich die Vpn bemühen, den Satzzusammenhang zu verstehen. In dieser Untersuchung erhielten die Vpn einen Text mit der Instruktion dargeboten, ihn möglichst gut zu verstehen. Der Text war jedoch so aufgebaut, daß seine

Aussage ohne Zusatzinformationen unverständlich blieb; sie konnte nur dann verstanden werden, wenn der Text zusammen mit einem »adäquaten Bildkontext« dargeboten wurde, welcher die Situation verdeutlichte, auf die sich die einzelnen Textteile bezogen. Gruppe 1 erhielt diesen adäquaten Bildkontext vor der eigentlichen Textdarbietung, Gruppe 2 danach. Die Gruppen 3 und 4 erhielten dagegen einen »inadäquaten Bildkontext« vor bzw. nach der Textdarbietung. Hierbei handelte es sich um ein Bild, welches dieselben Elemente enthielt wie das bei den Gruppen 1 und 2 verwendete adäquate Bild; doch war bei diesem inadäquaten Bildkontext der sachlogische Zusammenhang zwischen den einzelnen Bildelementen nicht erkennbar. Gruppe 5 schließlich erhielt den Text, ohne vorher oder nachher irgendein Bild zu sehen. Alle 5 Gruppen sollten unmittelbar nach der Textdarbietung auf einer Skala angeben, wie gut sie den Text verstanden hatten. Danach folgte eine zuvor nicht angekündigte Behaltensprüfung: Die Vpn sollten aufschreiben, was sie von dem Text behalten hatten.
Ergebnisse: Die Vpn der ersten Gruppe, die den adäquaten Bildkontext vor der Textdarbietung erhalten hatten, verstanden den Text sehr gut. Alle anderen Gruppen konnten den Text nur schlecht verstehen. Diese erste Gruppe zeigte zugleich die besten Behaltensleistungen; alle anderen Gruppen hatten den Text sehr viel schlechter behalten, also auch die 2. Gruppe, welche den adäquaten Bildkontext nach der Textdarbietung, jedoch vor der Behaltensprüfung erhalten hatte.
Interpretation: Anders als bei Moeser (1976) haben sich die Vpn dieser Untersuchung in allen Fällen an demselben, den Satzzusammenhang betreffenden Verständlichkeitskriterium orientiert: In den Fällen, in denen sie vor der Textdarbietung ein Bild erhielten, welches diesen Zusammenhang zeigte, wurde der Text als sehr verständlich beurteilt, während er als äußerst unverständlich eingestuft wurde, wenn sie zuvor kein derartiges Bild erhalten hatten. Dennoch blieb dieses Kriterium in den meisten Fällen unerreichbar, wie die Behaltensleistungen erkennen lassen: Den Vpn gelang es nur dann, satzübergreifende Recodierprozesse 2. Ordnung zu vollziehen, wenn sie zuvor ein Bild erhalten hatten, welches ihnen zeigte, in welcher Weise die einzelnen Sätze miteinander in Beziehung gesetzt werden konnten. Entsprechend wurde der Text unter diesen Umständen sehr viel besser behalten als in allen anderen Fällen, in denen sich diese Aufgabe als ein unlösbares Problem herausstellte. Deshalb mußten satzübergreifende Recodierprozesse auch dort unterbleiben, wo den Vpn der Satzzusammenhang nachträglich, d. h. im Anschluß an die Textdarbietung verdeutlicht wurde: Dies änderte nichts daran, daß es den Vpn während der Textdarbietung nicht gelungen war, die einzelnen Sätze inhaltlich miteinander zu verbinden (vgl. dazu auch Kap. 5.4).
Recodierprozesse 2. Ordnung erweisen sich damit ebenso wie Recodierprozesse 1. Ordnung als aufgabenabhängige Problemlösungsoperationen: Der Rezipient versucht sie auszuführen, wenn dies seinem Aufgabenverständnis entspricht. Erfolgreich durchführen kann er sie jedoch nur dann, wenn er die strukturellen Zusammenhänge zwischen den einzelnen Textteilen versteht. Sind die dazu notwendigen Informationen im Text selbst nicht vorhanden, benötigt er zusätzliche Informationen, sei es in Form von Bildern, sei es in Form von Überschriften.

Kontrollfragen

1. Was kennzeichnet eine sprachliche Behaltensaufgabe als »dialektisches« Problem im Sinne Dörners (1976)?
2. Woran kann man erkennen, daß sprachliche Reproduktionsleistungen auf einem Verständnis inhaltlicher Zusammenhänge zwischen Wörtern und Sätzen basieren?

3. Unter welchen Umständen involvieren Recodierprozesse eher konvergente — divergente Denkoperationen?
4. Versuchen Sie, den Behaltensunterschied zwischen konkreten und abstrakten Sätzen textpsychologisch zu erklären.
5. Welche Gründe können aus denkpsychologischer Sicht dafür verantwortlich gemacht werden, daß Recodierprozesse 1. oder 2. Ordnung unterbleiben?

7. Rückblick und Ausblick

Am Ende einer langen Diskussion ist es sinnvoll, sich an ihren Ausgangspunkt zu erinnern: Um die kaum noch übersehbare Fülle sprach- und gedächtnispsychologischer Untersuchungen überschaubar zu machen, sollten Befunde, die zur Verarbeitung von Wörtern, Sätzen und Texten vorliegen, systematisch miteinander verglichen werden. Dieses Vorgehen trägt damit jenen Grundprinzipien Rechnung, auf denen das Verstehen und Behalten sprachlichen Materials basiert: Durch einen inhaltlichen Vergleich werden Zusammenhänge zwischen Wörtern, Sätzen und Texten erkennbar, die dadurch zu übergeordneten und überschaubaren Einheiten recodiert werden.

Dieses ursprünglich gestaltpsychologische und von Miller (1956) präzisierte Recodier-Prinzip kennzeichnet jene Prozesse, die auch, jedoch keineswegs nur dann vollzogen werden, wenn sich eine Vp bemüht, sprachliches Material zu behalten. Hierbei steht die Bedeutung des sprachlichen Materials im Vordergrund, so daß seine »formalen« Eigenschaften (der Wortlaut, die syntaktische Struktur) lediglich eine semantische »Hilfsfunktion« erfüllen. Entgegen einer seit Craik & Lockhart (1972) weit verbreiteten Ansicht bedeutet dies jedoch nicht, daß derartige Eigenschaften, weil sie formaler Natur sind, schneller vergessen werden als sprachliche Inhalte: Diese Ansicht kann durch Untersuchungen von Begg & Wickelgren (1974) und Jacoby (1975) als widerlegt gelten. Allerdings ist anzunehmen, daß formale Sprachmerkmale in der Regel nur so weit analysiert werden, wie dies notwendig ist, um die Bedeutung eines Wortes, Satzes oder Textes zu erfassen (siehe dazu vor allem die Untersuchungen von Hyde & Jenkins 1969, 1973 und Rosenberg & Schiller 1971). Auch daraus folgt jedoch nicht, daß sich durch diese an der Sprachbedeutung orientierten Recodierprozesse das Behalten formaler Sprachmerkmale verschlechtert. Die zu diesem Problem vorliegenden Untersuchungen zeigen, daß Recodieroperationen ein geeignetes Mittel sind, um sprachliches Material inhaltlich und formal gut behalten zu können. Allerdings kann sich eine Vp aus inhaltlichen Gründen dazu veranlaßt fühlen, von einer wörtlichen Reproduktion abzuweichen.

Darüber hinaus sollte deutlich geworden sein, daß Recodierprozesse je nach der Problemstellung und der Eigenart des Sprachmaterials unterschiedlich vollzogen werden. Sie können lediglich die Bedeutung eines einzelnen Wortes oder Satzes betreffen oder aber die zwischen ihnen bestehenden Bedeutungszusammenhänge. Entsprechend kann man zwischen Recodierprozessen O. Ordnung (Wortebene), 1. Ordnung (Satz- bzw. Propositionsebene) und 2. Ordnung (Textebene) unterscheiden. Daraus folgt, daß eine Proposition als eine Gedächtniseinheit fungieren *kann*, aber nicht muß, so daß es entgegen der Ansicht von Kintsch (1974) und anderen wenig sinnvoll ist, die Proposition als alleinige Verarbeitungseinheit zu definieren. Die Verarbeitung eines Satzes oder Textes kann zwar in dieser Einheit erfolgen, doch kann es ebenso gut sein, daß diese Einheit mehr oder weniger umfassend ist: Ob eine Vp Wörter oder Sätze zu einer Einheit recodiert oder nicht, wird dabei nicht nur durch die semantischen Eigenschaften des Sprachmaterials bestimmt, sondern auch durch das Problem, das einer Vp gestellt wird, und damit durch das Verständlichkeitskriterium, das zu erreichen sie sich bemüht.

Von den hierbei vollzogenen Recodierprozessen ist anzunehmen, daß es sich um Grundoperationen intelligenten Verhaltens handelt, die keinesfalls an eine Behaltensaufgabe gebunden sind. Dies macht verständlich, warum Leistungen, die durch Intelligenztests erfaßt werden, mit Behaltensleistungen dort — und nur dort — korrelieren, wo sinnvolles Material behalten werden soll (Guthke 1977). Deshalb ist es nur konsequent, die Behaltensleistung als ein Maß für Verstehensprozesse zu verwenden, wie dies etwa Mistler-Lachman (1974) vorschlägt.
Die Tatsache, daß Recodierprozesse mit Haviland & Clark (1974) als Ausdruck einer Given-New-Strategie angesehen werden können, zeigt schließlich auch ihre kommunikationstheoretische Bedeutung: Der Rezipient versucht »neue«, vom Sprecher übermittelte Informationen mit »alten«, d. h. in seinem Gedächtnis bereits vorhandenen Inhalten in Beziehung zu setzen. Gelingt ihm dies, glaubt er die sprachlichen Äußerungen verstanden zu haben; andernfalls weist er sie als unverständlich zurück (Hörmann 1976).
Gegebene, d. h. im Gedächtnis des Rezipienten vorhandene Informationen verbessern demzufolge das Verstehen und Behalten »neuer« Informationen, was eine interessante, jedoch keineswegs neue Erkenntnis ist. Bereits vor mehr als 40 Jahren sprach Bartlett (1932) in diesem Zusammenhang von einem »effort after meaning«: Der Rezipient versucht, neue Informationen dadurch zu verstehen und zu behalten, daß er sie mit Inhalten in Beziehung setzt, die in seinem Gedächtnis in Form kognitiver Schemata repräsentiert sind. Eben dies meinen auch Bower (1976) oder Mandler & Johnson (1977), wenn sie das semantische Gedächtnis als den Bezugsrahmen für das Verstehen sprachlicher Informationen ansehen.
Die dafür notwendigen Operationen bildeten den Gegenstand der vorliegenden Arbeit. Undiskutiert blieb dabei jedoch das semantische Gedächtnis, d. h. die »Struktur der Datenbasis« (Rumelhart et al. 1972), mit deren Hilfe diese Operationen vollzogen werden können. Dies ist kein Zufall! Denn es ist wohl möglich, durch einen systematischen Vergleich sprach- und gedächtnispsychologischer Untersuchungen kognitive Operationen zu erkennen, die der Verarbeitung von Wörtern, Sätzen und Texten gleichermaßen zugrunde liegen. Daraus jedoch Ableitungen über die Struktur des semantischen Gedächtnisses vorzunehmen, ist ein theoretisches Problem, das gegenwärtig in sehr unterschiedlicher Weise bearbeitet wird. Diskutiert werden hierbei vor allem merkmalstheoretische Ansätze u. a. von M. G. Johnson (1970), Smith, Shoben & Rips (1974), und netzwerktheoretische Ansätze von Collins & Quillian (1969), Collins & Loftus (1975), Rumelhart et al. (1972). Darauf soll abschließend andeutungsweise eingegangen werden (siehe dazu ausführlicher Bredenkamp & Wippich 1977), um zu skizzieren, wie Recodierprozesse im Rahmen dieser Modelle beschrieben werden können.

Nach merkmalstheoretischer Auffassung besteht das semantische Gedächtnis aus einer begrenzten Anzahl von Bedeutungselementen oder Merkmalen, die es gestatten, die Vielfalt sprachlicher Bedeutungen abzubilden: Jedem Wort ist ein bestimmter Ausschnitt aus der Gesamtheit aller Merkmale zugeordnet, wobei Art und Anzahl der Merkmale seine Bedeutung konstituieren. Im Hinblick auf die Wörter einer Liste, eines Satzes oder Textes wird angenommen, daß diese in einem Teil ihrer Merkmale übereinstimmen, während sie sich in anderen Merkmalen voneinander unterscheiden; je größer die Merkmalsübereinstimmung ist, desto größer ist ihre Bedeutungsähnlichkeit, und desto leichter lassen sie sich zu einer semantischen Gedächtniseinheit recodieren. Repräsentant dieser Merkmalsübereinstimmungen ist der Organisationskern, mit dessen Hilfe diese Einheit gebildet wird:

Er enthält überwiegend diejenigen Merkmale, in denen die ihm untergeordneten Wörter übereinstimmen. Da sich diese Wörter jedoch in zahlreichen anderen Merkmalen voneinander unterscheiden, kann das als Organisationskern fungierende Wort eine wichtige Funktion übernehmen: Es läßt erkennen, auf welche Merkmale die Vpn zu achten haben, und ermöglicht es dadurch, von denjenigen Merkmalen zu abstrahieren, in denen sich die Wörter unterscheiden und dadurch die Recodierung zu einer Einheit erschweren. —

Im Unterschied zu merkmalstheoretischen Ansätzen nehmen Netzwerktheorien keine »Bedeutungsatome« an, sondern gehen davon aus, daß jedem Inhaltswort im semantischen Gedächtnis ein bestimmter Bedeutungs- oder Konzeptknoten zugeordnet ist. Jeder dieser Knoten ist mit anderen Knoten, d. h. anderen Wortbedeutungen verbunden, so daß das semantische Gedächtnis wie ein Netzwerk strukturiert ist. In dieser Netzwerkstruktur nehmen die Konzeptknoten, denen die Wörter einer Liste, eines Satzes oder Textes zugeordnet sind, mehr oder weniger weit auseinanderliegende Positionen ein, je nachdem, wie groß ihre Bedeutungsähnlichkeit ist: Die Knoten bedeutungsähnlicher Wörter nehmen benachbarte Positionen ein, während die Knoten bedeutungsunähnlicher Wörter weit auseinanderliegende Netzwerkpositionen einnehmen. Leicht recodierbare ähnliche Wörter bilden demzufolge eine Art strukturelles Cluster, was zur Folge hat, daß es den Vpn sehr schnell gelingt, ihre semantische Zusammengehörigkeit zu erkennen. Hierbei übernimmt der Organisationskern als Repräsentant dieser Einheit eine wichtige Funktion: Er ist mit jedem der ihm untergeordneten Wörter direkt verbunden, ohne daß ein anderer Knoten dazwischen liegt. Die übrigen Wörter dieser Einheit sind dagegen weniger direkt, nämlich nur über den Umweg dieses Organisationskerns miteinander verbunden. Figur 2 (Kap. 2) kann als Abbild dieses Sachverhaltes gelten: Das Kontrollelement C_{21} repräsentiert einen dem Organisationskern entsprechenden Konzeptknoten, der mit den ihm untergeordneten Konzepknoten C_{11} bis C_{15} direkt verbunden ist, und dadurch eine Einheit bildet.

In diesem Modell werden Recodierprozesse demzufolge durch die Struktur des semantischen Gedächtnisses gesteuert: Je dichter beieinander die Konzeptknoten in dem semantischen Netzwerk liegen, desto wahrscheinlicher fungieren die ihnen zugeordneten Wörter als Mitglieder einer gemeinsamen Gedächtniseinheit; je größer ihre Distanz, desto wahrscheinlicher gehören sie verschiedenen Einheiten an. Daraus folgt umgekehrt, daß durch die in sprachlichen Reproduktionsleistungen zutage tretenden Recodierprozesse gekennzeichnet wird, wie dieses sprachliche Material im semantischen Gedächtnis repräsentiert ist.

Antworten zu den Kontrollfragen

Kapitel 2

1. Inputphase = Phase der Informationsaufnahme (Rezeptionsphase); Speicherphase = kurzfristiges/langfristiges Behalten; Retrievalphase = Abruf der gespeicherten Informationen aus dem Gedächtnis (Reproduktion).
2. Inputphase
3. Eine übergeordnete (semantische) Gedächtniseinheit, die mehrere Untereinheiten ersetzt.
4. Recodierprozesse setzen an der Bedeutung sprachlichen Materials an und involvieren damit das semantische Langzeit-Gedächtnis.

Kapitel 3

1. Gemeinsamkeiten: Beide Prozesse verbessern das Behalten, bestimmen die Reproduktionsabfolge und sind als Recodierprozesse zu interpretieren. Unterschiede: Beim Clustering ist die Beziehung Oberbegriff — Einzelwörter eindeutig und leichter erkennbar als bei der subjektiven Organisation; hier müssen die inhaltlichen Beziehungen zwischen den Wörtern nach idiosynkratischen Gesichtspunkten erstellt werden.

2.1 Vögel, Werkzeuge, Bäume

2.2 Es handelt sich um »unzusammenhängende« Wörter, so daß Organisationskerne hierbei objektiv nicht bestimmt werden können.

3. Die Wörter, die eine Vp in einem Gedächtnisexperiment behalten soll, sind in ihrem Gedächtnis bereits präexperimentell vorhanden (available). Sofern sie nicht reproduziert werden können, sind sie deshalb nicht vergessen worden, sondern lediglich unzugänglich. Erhält die Vp als Retrieval-Cue den Organisationskern, werden die Wörter wieder zugänglich (accessible), d. h. reproduzierbar.
4. Dies ermöglicht die Bildung übergeordneter Gedächtniseinheiten, die zu bilden frühere Darbietungen nicht ausreichten.
5. Konkrete Wörter führen leichter als abstrakte Wörter zu Vorstellungen, die zu einer Einheit integriert werden können.

Kapitel 4

1. Die semantische Integrierbarkeit eines Satzes bestimmt die Anzahl der Gedächtniseinheiten und damit die Behaltensleistung.
2. Konkrete Sätze sind im Vergleich zu abstrakten leichter recodierbar, so daß bei ihnen inhaltliche und formale Veränderungen eher bemerkt und unterschiedlich gewichtet werden können.
3. Wenn eine Gedächtniseinheit gebildet worden ist, erfolgt die Reproduktion ihrer Wörter nach dem Alles-oder-nichts-Prinzip. Deshalb besteht für ein Wort einer Einheit eine geringe Fehlerwahrscheinlichkeit, wenn bereits ein anderes Wort dieser Einheit richtig reproduziert worden ist. Die Reproduktionen von Wörtern aus verschiedenen Einheiten sind dagegen unabhängig voneinander, und damit auch ihre Fehlerwahrscheinlichkeiten.
4. Hohe Reproduktionswahrscheinlichkeit, guter Retrieval-Cue, wird vom Rezipienten mit besonderer Aufmerksamkeit bedacht.
5. Grammatisches, logisches Subjekt; hoher Imagery-Wert, Hervorhebung durch Betonung, den indefiniten Artikel oder durch Spaltkonstruktionen.

Kapitel 5

1. Ein Text wird unterschiedlich gut behalten je nach der Abfolge, in der seine Sätze dargeboten werden. Dies belegt die gedächtnispsychologische Realität einer satzüber-

greifenden Textstruktur. Wird diese zerstört, werden Recodierprozesse 2. Ordnung erschwert oder verhindert.

2. Durch Recodierprozesse 2. Ordnung werden einzelne Textteile zu der Einheit »Text« verknüpft (semantische Kohäsion): Vorangehende Textteile verweisen auf nachfolgende Teile (Kataphora) und umgekehrt (Anaphora) und beziehen sich damit auf denselben außersprachlichen Referenten (Koreferenz). Dies bedeutet nach Kintsch, daß in der semantischen Textbasis aufeinanderfolgende Propositionen dieselben Argumente verwenden (Rekurrenz). Dadurch werden die Referenten »thematisiert« und übernehmen so für einzelne Propositionen die Funktion eines semantischen Bindegliedes.
3. Gemeinsamkeiten: Annahme einer hierarchischen Textstruktur, die erwarten läßt, daß übergeordnete Propositionen besser als untergeordnete behalten werden. Unterschiede: Nach Kintsch ergeben sich die Subordinationsverhältnisse zwischen den Propositionen aufgrund ihrer zeitlichen Abfolge und durch die Rekurrenz ihrer Argumente, nach der Story Grammar dagegen durch ihre Beziehung zum Haupthandlungsziel.
4. Überschriften beeinflussen die hierarchische Textstruktur, indem sie für einzelne Propositionen die Subordinationsverhältnisse festlegen. Außerdem können sie Argumente semantisch spezifizieren, die im Text selbst unspezifiziert bleiben.
5. Zusatzinformationen müssen zeitlich vor dem Text verarbeitet werden, damit sie für nachfolgende Textteile den Status »gegebener« Informationen und damit die Funktion von »Organisationskernen« übernehmen können.

Kapitel 6

1. Das Ziel, übergeordnete Gedächtniseinheiten zu bilden, bleibt ebenso uneindeutig wie die Operation, dieses Ziel zu erreichen.
2. Als Kennzeichen sprachlicher Verständnisleistungen gelten Paraphrasierungen, Schlußfolgerungen, das Herausfinden richtiger Zusammenhänge durch Umstellung. Dieselben Merkmale zeigen auch sprachliche Reproduktionsleistungen.
3. Weist das sprachliche Material eindeutige Zusammenhänge auf, die es herauszufinden gilt, sind eher konvergente Denkoperationen angemessen, beim Fehlen derartiger Zusammenhänge eher divergente Operationen.
4. Ein konkreter Satz erzeugt im Rezipienten Vorstellungen, die die Funktion eines verständniserleichternden Kontextes übernehmen, der bei abstrakten Sätzen fehlt, wenn diese isoliert dargeboten werden.
5. Der Rezipient setzt sich ein zu niedriges Verständlichkeitskriterium oder ist nicht in der Lage, das angestrebte Kriterium zu erreichen, d. h. den Wort- oder Satzzusammenhang zu verstehen.

Literatur

Adams, J. A. 1967. Human memory. New York: Mc Graw Hill.
Anderson, J. R., Bower, G. H. 1973. Human associative memory. Washington: Hemisphere Publishing Co.
Anderson, R. C. 1974. Substance recall of sentences. Quarterly Journal of Experimental Psychology, 26, 530—541.
Ausubel, D. P. 1963. The psychology of meaningful verbal learing. New York: Grune & Stratton.
Baggett, P. 1975. Memory for explicit and implicit information in picture stories. Journal of Verbal Learning and Verbal Behavior, 14, 538—548.
Bartlett, F. C. 1932. Remembering. Cambridge University Press.
Basden, D. R., Higgins, J. 1972. Memory and organization: category recall and retrieval capacity. Journal of Verbal Learning and Verbal Behavior, 11, 157—163.
Begg, I. 1972. Recall of meaningful phrases. Journal of Verbal Learning and Verbal Behavior, 11, 431—439.
Begg, I. 1973. Imagery and integration in the recall of words. Canadian Journal of Psychology, 27, 159—167.
Begg, I., Paivio, A. 1969. Concreteness and imagery in sentence meaning. Journal of Verbal Learning and Verbal Behavior, 8, 821—827.
Begg, I., Wickelgren, W. A. 1974. Retention functions for syntactic and lexical vs. semantic information in sentence recognition memory. Memory & Cognition, 2, 353—359.
Bellezza, F. S., Poplawsky, A. J. 1974. The function of one-word mediators in the recall of word pairs. Memory & Cognition, 2, 447—452.
Bennet, S., Davies, P. 1973. Constancy of mnemonic capacity as a function of trials in free-recall learning. British Journal of Psychology, 64, 25—33.
Bergius, R. 1964. Übungsübertragung und Problemlösen. Handbuch der Psychologie, 1. Band, Allgemeine Psychologie, 2. Halbband, Lernen und Denken, Göttingen: Hogrefe, S. 284—325.
Blumenthal, A. L. 1967. Prompted recall of sentences. Journal of Verbal Learning and Verbal Behavior, 6, 203—206.
Blumenthal, A. L., Boakes, R. 1967. Prompted recall of sentences. Journal of Verbal Learning and Verbal Behavior, 6, 674—676.
Bobrow, D. G., Collins, A. (Eds.) 1975. Representation and understanding. New York: Academic Press.
Bock, M. 1972. Der Einfluß phonetischer und semantischer Faktoren auf das Behalten von visuell und akustisch dargebotenen Wörtern. Zur Charakteristik von kurz- und längerfristigen Speicherprozessen. Diss. Ruhr-Universität Bochum.
Bock, M. 1976. The influence of instructions on feature selection in semantic memory. Journal of Verbal Learning and Verbal Behavior, 15, 183—197.
Bock, M. — Im Druck. Der Einfluß von Kontextfaktoren auf die Sprachverarbeitung. Psychologische Rundschau.
Bosshardt, H.-G. 1973. Der Einfluß von Vorstellungen auf Wahrnehmen und Behalten. Diss. Ruhr-Universität Bochum.
Bousfield, W. A. 1953. The occurrence of clustering in the recall of randomly arranged associates. Journal of General Psychology, 49, 229—240.
Bousfield, W. A., Cohen, B. H. 1953. The effects of reinforcement on the occurrence of clustering in the recall of randomly arranged associates. Journal of Psychology, 36, 67—81.
Bousfield, W. A., Puff, C. R. 1965. Determinants of the clustering of taxonomically and associatively related word pairs. Journal of General Psychology, 73, 211—221.
Bousfield, W. A., Steward, J. R., Cowan, T. M. 1964. The use of free associational norms for the prediction of clustering. Journal of General Psychology, 70, 205—214.
Bower, G. H. 1969. Chunks as interference units in free recall. Journal of Verbal Learning and Verbal Behavior, 8, 610—613.
Bower, G. H. 1976. Experiments on story understanding and recall. Quarterly Journal of Experimental Psychology, 28, 511—534.

Bower, G. H., Clark, M. C., Lesgold, A. M., Winzenz, D. 1969. Hierarchical retrieval schemes in recall of categorized word lists. Journal of Verbal Learning and Verbal Behavior, 8, 323—343.

Bower, G. H., Lesgold, A. M., Tiemann, D. 1969a. Grouping operations in free recall. Journal of Verbal Learning and Verbal Behavior, 8, 481—493.

Bransford, J. D., Barclay, J. R., Franks, J. J. 1972. Sentence memory: A constructive versus interpretative approach. Cognitive Psychology, 3, 193—209.

Bransford, J. D., Franks, J. J. 1971. The abstraction of linguistic ideas. Cognitive Psychology, 2, 331—350.

Bransford, J. D., Johnson, M. K. 1972. Contextual prerequisites for understanding: Some investigations of comprehension and recall. Journal of Verbal Learning and Verbal Behavior, 11, 717—726.

Bredenkamp, J., Wippich, W. 1977. Lern- und Gedächtnispsychologie, Band II. Stuttgart: Kohlhammer.

Buschke, H. 1976. Learning is organized by chunking. Journal of Verbal Learning and Verbal Behavior, 15, 313—324.

Carroll, J. B. 1972. Defining language comprehension: some speculations. In: R. O. Freedle & J. B. Carroll (Eds.), S. 1—30.

Chafe, W. L. 1972. Discourse structure and human knowledge. In: R. O. Freedle & J. B. Carroll (Eds.), S. 41—70.

Chomsky, N. 1965. Aspects of the theory of syntax. Cambridge, Mass.: M.I.T. (Übersetzung: 1969, Aspekte der Syntax-Theorie. Frankfurt/M.: Suhrkamp).

Clark, H. H. 1965: Some structural properties of simple active and passive sentences. Journal of Verbal Learning and Verbal Behavior, 4, 365—370.

Clark, H. H. 1966. The prediction of recall patterns in simple active sentences. Journal of Verbal Learning and Verbal Behavior, 5, 99—106.

Clark, H. H., Begun, J. S. 1971. The semantics of sentence subjects. Language and Speech, 14, 34—46.

Cohen, B. H. 1966. Some-or-none characteristics of coding behavior. Journal of Verbal Learning and Verbal Behavior, 5, 182—187.

Collins, A. M., Loftus, E. F. 1975. A spreading activation theory of semantic processing. Psychological Review, 82, 407—428.

Collins, A. M., Quillian, M. R. 1969. Retrieval time from semantic memory. Journal of Verbal Learning and Verbal Behavior, 8, 240—247.

Craik, F. I. M. 1968. Two components in free recall. Journal of Verbal Learning and Verbal Behavior, 7, 996—1004.

Craik, F. I. M., Lockhart, R. S. 1972. Levels of processing: a framework for memory research. Journal of Verbal Learning and Verbal Behavior, 11, 671—684.

Crothers, E. J. 1972. Memory structure and the recall of discourse. In: R. O. Freedle & J. B. Carroll (Eds.), S. 247—283.

Deese, J. 1969. Behavior and Fact. American Psychologist, 24, 515—522.

Di Vesta, F. J., Schultz, Ch. B., Dangel, T. R. 1973. Passage organization and imposed learning strategies in comprehension and recall of connected discourse. Memory & Cognition, 1, 471—476.

Dörner, D. 1976. Problemlösen als Informationsverarbeitung. Stuttgart: Kohlhammer, Standard-Psychologie.

Dooling, D. J., Lachman, R. 1971. Effects of comprehension on retention of prose. Journal of Experimental Psychology, 88, 216—222.

Dooling, D. J., Mullet, R. L. 1973. Locus of thematic effects in retention of prose. Journal of Experimental Psychology, 97, 404—406.

Dressler, W. 1972. Einführung in die Textlinguistik. Tübingen: Niemeyer.

Duncan, C. P. 1973. Storage and retrieval of low-frequency words. Memory & Cognition, 1, 129—132.

Duncker, K. 1935. Zur Psychologie des produktiven Denkens. Berlin: Springer 1935 (Neudruck 1963).

Ehrlich, M. R. 1975. Cumulative learning and long-term retention of sentences. Acta Psychologica, 39, 241—250.

Engelkamp, J. 1973. Semantische Struktur und die Verarbeitung von Sätzen. Bern: Huber.

Engelkamp, J. 1974. Psycholinguistik. München: Fink.

Engelkamp, J. 1976. Satz und Bedeutung. Stuttgart: Kohlhammer, Standard-Psychologie.

Engelkamp, J., Hörmann, H. 1974. The effect of non-verbal information on the recall of negation. Quarterly Journal of Experimental Psychology, 26, 98—105.

Epstein, M. L., Philipps, W. D., Johnson, Sh. J. 1975. Recall of related and unrelated word pairs as a function of processing level. Journal of Experimental Psychology: Human Learning and Memory, 1, 149—152.

Ertel, S. 1974. Satzsubjekt und Ich-Perspektive. In: Eckensberger, L. & Eckensberger, M. (Eds.): Bericht über den 28. Kongreß der Deutschen Gesellschaft für Psychologie, Band 1. Göttingen: Hogrefe. S. 129—139.

Estes, W. K. 1972. An associative basis for coding and organization. In: A. W. Melton & E. Martin (Eds.). Coding processes in human memory. Washington: Winston & Sons. S. 161—190.

File, S. E., Jew, A. 1973. Syntax and the recall of instructions in a realistic situation. British Journal of Psychology, 64, 65—70.

Fillenbaum, S. 1966. Memory for gist: Some relevant variables. Language and Speech, 9, 217—227.

Fillmore, C. J. 1968. The case for the case. In: Bach, E. & Harms, R. T. (Eds.). Universals in linguistic theory. New York: Holt, Rinehart & Winston. S. 1—90.

Flagg, P. W. 1976. Semantic integration in semantice memory? Journal of Verbal Learning and Verbal Behavior, 15, 491—504.

Flores d'Arcais, G. B. 1974. Is there a memory for sentences? Acta Psychologica, 38, 33—58.

Fodor, J. A., Garrett, M. 1967. Some syntactic determinants of sentential complexity. Perception & Psychophysics, 2, 289—296.

Folarin, B. A. 1976. The effect of presentation rate on categorization. Quarterly Journal of Experimental Psychology, 28, 27—33.

Foss, D. J. 1969. Decision processes during sentence comprehension: Effects of lexical item difficulty and position upon decision times. Journal of Verbal Learning and Verbal Behavior, 8, 457—462.

Foss, D. J., Lynch, R. H. 1969. Decision processes during sentence comprehension: Effect of surface structure on decision times. Perception & Psychophysics, 5, 145—148.

Franks, J. J., Bransford, J. D. 1972. The acquisition of abstract ideas. Journal of Verbal Learning and Verbal Behavior, 11, 311—315.

Frase, L. T. 1969. Paragraph organization of written materials: The influence of conceptual clustering upon the level and organization of recall. Journal of Educational Psychology, 60, 394—401.

Frederiksen, C. H. 1975a. Representing logical and semantic structure of knowledge acquired from discourse. Cognitive Psychology, 7, 371—458.

Frederiksen, C. H. 1975b. Effects of context-induced processing operations on semantic information acquired from discourse. Cognitive Psychology, 7, 139—166.

Frederiksen, C. H. 1975c. Acquisition of semantic information from discourse: effects of repeated exposures. Journal of Verbal Learning and Verbal Behavior, 14, 158 bis 169.

Freedle, R. O., Carroll, J. B. (Eds.) 1972. Language comprehension and the acquisition of knowledge. Washington: Winston & Sons.

Friendly, M. L. 1977. In search of the M-Gram: The structure of organization in free recall. Cognitive Psychology, 9, 188—249.

Fuld, P. A., Buschke, H. 1976. Stages of retrieval in verbal learning. Journal of Verbal Learning and Verbal Behavior, 15, 401—410.

Gentner, D. R. 1976. The structure and recall of narrative prose. Journal of Verbal Learning and Verbal Behavior, 15, 411—418.

Glanzer, M. 1969. Distance between related words in free recall: Trace of the STS. Journal of Verbal Learning and Verbal Behavior, 8, 105—111.

Glanzer, M., Schwartz, A. 1971. Mnemonic structure in free recall: Differential effects on STS and LTS. Journal of Verbal Learning and Verbal Behavior, 10, 194—198.

Glidden, L. M. 1974. Time and awareness in free recall and subjective organization. Psychological Record, 24, 81—88.

Glidden, L. M., Roemer, J. M. 1974. Meaningfulness, formal similarity and subjective organization. Psychological Record, 24, 399—408.

Gold, J. A., Cowles, N. L. 1973. A measure of clustering in free recall utilizing the parameters of the original stimulus list. Journal of General Psychology, 88, 93—97.

Graesser, A. (II), Mandler, G. 1975. Recognition memory for the meaning and surface

structure of sentences. Journal of Experimental Psychology: Human Learning and Memory, 1, 238—248.
Grieve, R., Wales, R. J. 1973. Passives and topicalization. British Journal of Psychology, 64, 173—182.
Guilford, J. P. 1964. Persönlichkeit. Weinheim: Belz.
Guthke, J. 1974. Zur Diagnostik der intellektuellen Lernfähigkeit. Berlin: VEB Deutscher Verlag der Wissenschaften, S. 175—206.
Guthke, J. 1977. Gedächtnis und Intelligenz. In: F. Klix & H. Sydow (Hrsg.). Zur Psychologie des Gedächtnisses. Berlin: VEB Deutscher Verlag der Wissenschaften.
Halliday, M. A. K. 1967. Notes on transitive and theme in English. Journal of Linguistics, 3, 177—244.
Haviland, S. E., Clark, H. H. 1974. What's new? Acquiring new information as a process in comprehension. Journal of Verbal Learning and Verbal Behavior, 13, 512—521.
Heckhausen, H. 1963. Hoffnung und Furcht in der Leistungsmotivation. Meisenheim am Glan: Hain.
Hennig, J., Huth, L. 1975. Kommunikation als Problem der Linguistik. Göttingen: Vandenhoeck & Rupprecht.
Herrmann, Th., Laucht, M. 1977. Pars prototo. Überlegungen zur situationsspezifischen Variation des Sprechens. Psychologische Rundschau, 28, 247—265.
Hicks, R. E., Young, R. K. 1973. Input and output variables in the recall of categorized and uncategorized lists. Journal of General Psychology, 89, 109—114.
Hörmann, H. 1964. Die Bedingungen für das Behalten, Vergessen und Erinnern. Handbuch der Psychologie, Band 1, Allgemeine Psychologie, 2. Halbband, Lernen und Denken, Göttingen: Hogrefe, S. 225—283.
Hörmann, H. 1967. Psychologie der Sprache. Heidelberg/Berlin: Springer.
Hörmann, H. 1971. Semantic factors in negation. Psychologische Forschung, 35, 1—16.
Hörmann, H. 1972. Semantische Anomalie, Metapher und Witz. Folia Linguistica, 73, 310—330.
Hörmann, H. 1976. Meinen und Verstehen. Frankfurt/M.: Suhrkamp.
Hörmann, H., Lazarus, G. 1976. Determinanten der Wahrnehmung von Sätzen. Referat f. d. 18. Tagung der experimentell arbeitenden Psychologen in Bochum.
Holmes, V. M., Langford, J. 1976. Comprehension and recall of abstract and concrete sentences. Journal of Verbal Learning and Verbal Behavior, 15, 559—566.
Holmes, V. M., Watson, I. J. 1976. The role of surface order and surface deletion in sentence perception. Quarterly Journal of Experimental Psychology, 28, 155—165.
Holyoak, K. J. 1974. The role of imagery in the evaluation of sentenses: Imagery or semantic factors? Journal of Verbal Learning and Verbal Behavior, 13, 163—166.
Honeck, R. P. 1971. A study of paraphrases. Journal of Verbal Learning and Verbal Behavior, 10, 367—381.
Honeck, R. P. 1973. Semantic similarity between sentences. Journal of Psycholinguistic Research, 2, 137—151.
Hornby, P. A. 1972. The psychological subject and predicate. Cognitive Psychology, 3, 632—642.
Hornby, P. A. 1974. Surface structure and presupposition. Journal of Verbal Learning and Verbal Behavior, 13, 530—538.
Hupet, M., Le Bouedec, B. 1977. The given-new contract and the constructive aspect of memory for ideas. Journal of Verbal Learning and Verbal Behavior, 16, 69—75.
Hyde, T. S., Jenkins, J. J. 1969. Differential effects of incidental tasks on the organization of recall of a list of highly assiciated words. Journal of Experimental Psychology, 82, 472—481.
Hyde, T. S., Jenkins. J. J. 1973. Recall for words as a function of semantic, graphic and syntactic orienting tasks. Journal of Verbal Learning and Verbal Behavior, 12, 471—480.
Jacoby, L. L. 1975. Physical features vs meaning: A difference in decay. Memory & Cognition, 3, 247—251.
Jäger, A. O. 1967. Dimensionen der Intelligenz. Göttingen: Hogrefe.
James, C. T., Thompson, J. G., Baldwin, J. M. 1973. The reconstructive process in sentence memory. Journal of Verbal Learning and Verbal Behavior, 12, 51—63.
Jeffmar, M. 1975. The effects of attention and repetition on the organization of recall of randomly arranged associates. Journal of General Psychology, 92, 245—253.

Johnson, M. G. 1970. A cognitive feature model of compound free associations. Psychological Review, 77, 282—293.
Johnson, M. K., Bransford, J. D., Nyberg, S. E., Cleary, J. J. 1972. Comprehension factors in interpreting memory for abstract and concrete sentences. Journal of Verbal Learning and Verbal Behavior, 11, 451—454.
Johnson, N. F. 1965. The psychological reality of phrase-structure rules. Journal of Verbal Learning and Verbal Behavior, 4, 469—475.
Johnson, N. F. 1969. Chunking: Associative chaining versus coding. Journal of Verbal Learning and Verbal Behavior, 8, 725—731.
Johnson, N. F. 1970. The role of chunking and organization in the process of recall. In: G. H. Bower (Ed.). The psychology of learing and motivation. Vol. 4. New York: Academic Press, S. 171—247.
Johnson, N. F. 1973. Higher order encoding: Process or state? Memory & Cognition, 1, 491—494.
Johnson, R. E. 1970. Recall of prose as a function of the structural importance of the linguistic units. Journal of Verbal Learning and Verbal Behavior, 9, 12—20.
Johnson-Laird, P. N. 1974. Experimental psycholinguistics. Annual Review of Psychology, 25, 135—160.
Johnston, W. A., Wagstaff, R. R., Griffith, D. 1972. Information-processing analysis of verbal learning. Journal of Experimental Psychology, 96, 307—314.
Jorgensen, C. C., Kintsch, W. 1973. The role of imagery in the evaluation of sentences. Cognitive Psychology, 4, 110—116.
Just, M. A., Carpenter, P. A. 1976. The relation between comprehending and remembering some complex sentences. Memory & Cognition, 4, 318—322.
Kahneman, D. 1973. Attention and effort. New Jersey: Prentice-Hall.
Katona, G. 1940. Organizing and memorizing. New York: Hafner.
Katz, St. 1973. Role of instructions in abstraction of linguistic ideas. Journal of Experimental Psychology, 98, 79—84.
Katz, St., Atkeson, B., Lee, J. 1974. The Bransford-Franks linear effect: Integration or artifact? Memory & Cognition, 2, 709—713.
Kennedy, A. 1973a. Associative encoding of words in passive sentences. British Journal of Psychology, 64, 169—172.
Kennedy, A. 1973b. Decision latencies to thematic and non-thematic distractors in prose. Journal of Experimental Psychology, 98, 432—434.
Kerr, B. 1973. Processing demands during mental operations. Memory & Cognition, 1, 401—412.
Kintsch, W. 1972. Notes on the structure of semantic memory. In: Tulving, E., Donaldson, W. (Eds.): Organization of memory. New York: Academic Press, S. 249—309.
Kintsch, W. 1974. The representation of meaning in memory. New York: J. Wiley & Sons.
Kintsch, W., Kozminsky, E., Streby, W. J., Mc Koon, G., Keenan, J. M. 1975. Comprehension and recall of text as a function of content variables. Journal of Verbal Learning and Verbal Behavior, 14, 196—214.
Klee, H., Eysenck, M. W. 1973. Comprehension of abstract and concrete sentences. Journal of Verbal Learning and Verbal Behavior, 12, 522—529.
Klix, F. 1971. Information und Verhalten. Bern: Huber.
Klix, F. (Hrsg.) 1976. Psychologische Beiträge zur Analyse kognitiver Prozesse. Berlin: VEB Deutscher Verlag der Wissenschaften.
Klix, F., Kukla, F., Klein, R. 1976. Über die Unterscheidbarkeit von Klassen semantischer Relationen im menschlichen Gedächtnis. In: F. Klix (Hrsg.).
Köhler, W. 1947. Gestalt Psychology. New York: Liveright.
Kosslyn, S. M., Pomerantz, J. R. 1977. Imagery, propositions, and the form of internal representations. Cognitive Psychology, 9, 52—76.
Lawson, R. 1977. Representation of individual sentences and holistic ideas. Journal of Experimental Psychology: Human Learning and Memory, 3, 1—9.
Layton, P., Simpson, A. J. 1975. Surface and deep structure in sentence comprehension. Journal of Verbal Learning and Verbal Behavior, 14, 658—664.
Lesgold, A. M. 1972. Pronominalization: A device for unifying sentences in memory. Journal of Verbal Learning and Verbal Behavior, 11, 316—323.
Loftus, E. F., Bolton, M. 1974. Retrieval of superordinates and subordinates. Journal of Experimental Psychology, 102, 121—124.

Lyons, J. 1968. Introduction to theoretical linguistics. London: Cambridge University Press.
Mac Kay, D. G. 1973. Aspects of the theory of comprehension, memory and attention. Quarterly Journal of Experimental Psychology, 25, 22—40.
Mandler, G. 1967. Organisation and memory. In: Spence, K. W., Spence, J. T. (Eds.): The psychology of learning and motivation: Advances in research and theory 1. New York: Academic Press, S. 327—372.
Mandler, G. 1968. Association and organization: Facts, fancies and theories. In: Dixon, T. R., Horton, D. L. (Eds.): Verbal behavior and general behavior theory. New York: Prentice-Hall, Inc. Englewood Cliffs, S. 109—119.
Mandler, G., Dean, P. J. 1969. Seriation: development of serial order in free recall. Journal of Experimental Psychology, 81, 207—215.
Mandler, G., Worden, P. E., Graesser, A. C. 1974. Subjective disorganization: Search for the locus of list organization. Journal of Verbal Learning and Verbal Behavior, 13, 220—235.
Mandler, J. M., Johnson, N. S. 1977. Remembrance of things parsed: Story structure and recall. Cognitive Psychology, 9, 111—151.
Manelis, L., Yekovich, F. R. 1976. Repetitions of propositional arguments in sentences. Journal of Verbal Learning and Verbal Behavior, 15, 301—312.
Marschark, M., Paivio, A. 1977. Integrative processing of concrete and abstract sentences. Journal of Verbal Learning and Verbal Behavior, 16, 217—231.
Martin, D. W., Marston, P. T., Kelly, R. T. 1973. Measurement of organizational processes within memory stages. Journal of Experimental Psychology, 98, 387—395.
Martin, E., Roberts, K. H., Collins, A. M. 1968. Short-term memory for sentences. Journal of Verbal Learning and Verbal Behavior, 7, 560—566.
Martin, E., Walter, D. A. 1969. Subject uncertainty and wordclass effects in short-term memory for sentences. Journal of Experimental Psychology, 80, 47—51.
Matlin, M. W. 1976. The relationship between English word length and short-term memory. Journal of General Psychology, 94, 47—57.
Matthews, W. A. 1968. Transformational complexity and short-term recall. Language and Speech, 11, 120—128.
Matthews, W. A., Waring, A. J. G. 1972. Coding processes in the free recall of associated word lists. Quarterly Journal of Experimental Psychology, 24, 420—430.
Mattews, W. A., Waring, A. J. 1975. Organisational processes in free recall. Acta Psychologica, 39, 457—468.
Melkman, R. 1975. Effects of prefered and imposed number of categories on recall. Journal of Experimental Psychology: Human Learning and Memory, 1, 28—285.
Melton, A. W. 1963. Implications of short-term memory for a general theory of memory. Journal of Verbal Learning and Verbal Behavior, 2, 1—21.
Melton, A. W. 1973. The concept of coding in learning-memory theory. Memory & Cognition, 1, 508—512.
Meyers, L. S., Boldrick, D. 1975. Memory for meaningful connected discourse. Journal of Experimental Psychology: Human Learning and Memory, 1, 584—591.
Miller, G. A. 1956. The magical number seven plus or minus two: Some limits on our capacity for processing information. Psychological Review, 63, 81—97.
Miller, G. A., Galanter, E., Pribram, K. H. 1960. Plans and the structure of behavior. New York: Holt, Rinehart & Winston.
Mistler-Lachman, J. L. 1974. Depth of comprehension and sentence memory. Journal of Verbal Learning and Verbal Behavior, 13, 98—106.
Moeser, S. D. 1974. Memory for meaning and wording in concrete and abstract sentences. Journal of Verbal Learning and Verbal Behavior, 13, 682—697.
Moeser, S. D. 1975. Memory for language organization in concrete and abstract sentences. Memory & Cognition, 3, 560—568.
Moeser, S. D. 1976. Inferential reasoning in episodic memory. Journal of Verbal Learning and Verbal Behavior, 15, 193—212.
Morris, P. E., Stevens, R. 1974. Linking images and free recall. Journal of Verbal Learning and Verbal Behavior, 13, 310—315.
Mueller, J. H., Jablonski, E. M. 1970. Instructions, noun imagery and priority in free recall. Psychological Reports, 27, 559—566.
Müller, K. 1964. Denken und Lernen als Organisieren. Handbuch der Psychologie 1. Band Allgemeine Psychologie 2. Halbband: Lernen und Denken. Göttingen: Hogrefe Verlag, S. 118—143.

Newman, E. B. 1939. Forgetting of meaningful material during sleep and waking. American Journal of Psychology, 52, 65—71.
Osgood, Ch. E., Hoosain, R. 1974. Salience of the word as a unit in the perception of language. Perception & Psychophysics, 15, 168—192.
Paivio, A. 1965. Abstractness, imagery and meaningfulness in paired-associate learning. Journal of Verbal Learning and Verbal Behavior, 4, 32—38.
Paivio, A. 1969. Mental imagery in associative learning and memory. Psychological Review, 76, 241—263.
Paivio, A. 1971. Imagery and verbal processes. New York: Holt, Rinehart & Winston.
Paivio, A., Begg, I. 1971. Imagery and comprehension latencies as a function of sentence concreteness and structure. Perception and Psychophysics, 10, 408—412.
Pellegrino, J. W., Battig, W. F. 1974. Relationships among higher order organizational measures and free recall. Journal of Experimental Psychology, 102, 463—472.
Perfetti, C. A., Goldman, S. R. 1974. Thematization and sentence retrieval. Journal of Verbal Learning and Verbal Behavior, 13, 70—79.
Perfetti, C. A., Goldman, S. R. 1975. Discourse functions of thematization and topicalization. Journal of Psycholinguistic Research, 4, 257—271.
Perlmutter, J., Royer, J. M. 1973. Organization of prose materials: stimulus, storage and retrieval. Canadian Journal of Psychology, 27, 200—209.
Petersen, R. C. 1974. Imagery and cued recall: Concreteness or context? Journal of Experimental Psychology, 102, 841—844.
Peterson, L. R. 1977. Verbal learing and memory. Annual Review of Psychology, 28, 393—415.
Pezdek, K., Royer, J. M. 1974. The role of comprehension in learning concrete and abstract sentences. Journal of Verbal Learning and Verbal Behavior, 13, 551—558.
Pfafflin, Sh. M. 1974. The total time hypothesis, recall strategies, and memory for rapidly presented word strings. Memory & Cognition, 2, 236—240.
Posnansky, C. J. Rayner, K. 1976. Long-term recognition memory for sentences. Acta Psychologica, 40, 217—231.
Postman, L. 1975. Verbal learning and memory. Annual Review of Psychology, 26, 291—335.
Reynolds, A. G., Flagg, P. W. 1976. Recognition memory for elements of sentences. Memory & Cognition, 4, 422—432.
Rosenberg, S. 1968. Association and phrase structure in sentence recall. Journal of Verbal Learning and Verbal Behavior, 7, 1077—1081.
Rosenberg, S. 1969. The recall of verbal material accopanying semantically well-integrated and semantically poorly-integrated sentences. Journal of Verbal Learning and Verbal Behavior, 8, 732—736.
Rosenberg, S., Schiller, W. J. 1971. Semantic coding and incidental sentence recall. Journal of Experimental Psychology, 90, 345—346.
Rumelhart, D. E. 1975. Notes on a schema for stories. In: D. G. Bobrow & A. Collins (Eds.), S. 211—236.
Rumelhart, D. E., Lindsay, P. H., Norman, D. A. 1972. A process model for long term memory. In: E. Tulving and W. Donaldson (Eds.): Organization of memory. New York: Academic Press, S. 197—246.
Sachs, J. S. 1967. Recognition memory for syntactic and semantic aspects of connected discours. Perception and Psychophysics, 2, 437–442.
Sachs, J. S. 1974. Memory in reading and listening to discourse. Memory & Cognition, 2, 95—100.
Sacks, H. V., Eysenck, M. W. 1977. Convergence-divergence and the learning of concrete and abstract sentences. British Journal of Psychology, 68, 215—221.
Sanford, A. J., Seymour, P. H. K. 1974. Semantic distance effects in naming superordinates. Memory & Cognition, 2, 714—720.
Savin, H. B., Perchonock, E. 1965. Grammatical structure and the immediate recall of English sentences. Journal of Verbal Learning and Verbal Behavior, 4, 348—353.
Schallert, D. L. 1976. Improving memory for prose: The relationship between depth of processing and context. Journal of Verbal Learning and Verbal Behavior, 15, 621 bis 632.
Schank, R. C. 1972. Conceptual dependency: a theory of natural language understanding. Cognitive Psychology, 3, 552—631.

Schank, R. C. 1975. The structure of episodes in memory. In: D. G. Bobrow & A. Collins (Eds.), S. 237—272.
Schmidt, S. J. 1973. Texttheorie. München: Fink.
Schultz, C. B., Di Vesta, F. J. 1972. Effects of passage organization and note taking on the selection of clustering strategies and on recall of textual material. Journal of Educational Psychology, 63, 244—252.
Schwartz, St. P. 1976. Capacity limitations in human information processing. Memory & Cognition, 4, 763—768.
Sentis, K. P., Klatzky, R. L. 1976. Effects of sentence length content, and transformational form in a memory overflow task. Psychological Record, 26, 55—60.
Shuell, Th. J. 1969. Clustering and organization in free recall. Psychological Bulletin, 72, 353—374.
Siddiqi, J. A., Wintermantel, M. 1977. Gedächtnisleistung und Sprachgewohnheiten I: Diktionsdistanzen in der freien Wiedergabe von Gedichten. Psychologische Beiträge, 19, 1—15.
Singer, M. 1976. Thematic structure and the integration of linguistic information. Journal of Verbal Learning and Verbal Behavior, 15, 549—558.
Smith, E. E., Haviland, S. E. 1972. Why words are perceived more accurately than nonwords: inference versus unitization. Journal of Experimental Psychology, 92, 59—64. bus 64.
Smith, E. E., Shoben, E. J., Rips, L. J. 1974. Structure and process in semantic memory: a featural model for semantic decisions. Psychological Review, 81, 214—241.
Smith, F., Goodenough, Ch. 1971. Effects of context, intonation and voice on the reaction time to sentences. Language and Speech, 14, 241—250.
Smith, M. C., Abel, Sh. M. 1973. Memory search: When does semantic analysis occur? Perception & Psychophysics, 13, 233—237.
Soli, S. D., Balch, W. R. 1976. Performance biases and recognition memory for semantic and formal changes in connected discourse. Memory & Cognition, 4, 673—676.
Stoff, D. M., Eagle, M. N. 1971. The relationship among reported strategies, presentation rate, and verbal ability and their effects on free recall learning. Journal of Experimental Psychology, 87, 423—428.
Strand, B. Z. 1975. Effects of instructions for category organization on long-term retention. Journal of Experimental Psychology: Human Learning and Memory, 1, 780—786.
Sydow, H. 1976. Der Erwerb grammatischer Strukturen als Resultat von Problemlösungsprozessen. In: F. Klix (Hrsg.)
Thompson, Ch. P., Hamlin, V. J., Roenker, D. L. 1972. A comment on the role of clustering in free recall. Journal Experimental Psychology, 94, 108—109.
Thorndyke, P. W. 1976. The role of inferences in discourse comprehension. Journal of Verbal Learning and Verbal Behavior, 15, 437—446.
Thorndyke, P. W. 1977. Cognitive structures in comprehension and memory of narrative discourse. Cognitive Psychology, 9, 77—110.
Tulving, E. 1962. Subjective organization in free recall on »unrelated« words. Psychological Review, 69, 344—354.
Tulving, E. 1966. Subjective organization and effects of repetition in multi-trial free-recall learning. Journal of Verbal Learning and Verbal Behavior, 5, 193—197.
Tulving, E., Madigan, S. A. 1970. Memory and verbal learning. Annual Review of Psychology, 21, 437—484.
Tulving, E., Patterson, R. D. 1968. Functional units and retrieval processes in free recall. Journal of Experimental Psychology, 77, 239—248.
Tulving, E., Pearlstone, Z. 1966. Availability versus accessibility of information in memory for words. Journal of Verbal Learning and Verbal Behavior, 5, 381—391.
Tulving, E., Psotka, J. 1971. Retroactive inhibition in free recall. Inaccessibility of information available in the memory store. Journal of Experimental Psychology, 87, 1—8.
Tulving, E., Thomson, D. M. 1973: Encoding specifity and retrieval processes in episodic memory. Psychological Review, 80, 352—373.
Tzeng, O. J. L. 1975. Sentence memory: Recognition and inferences. Journal of Experimental Psychology: Human Learning and Memory, 1, 720—726.
Wippich, W. 1976. Clustering, subjektive Organisation und Reproduktionsleistung. Archiv für Psychologie, 128, 66—74.
Wittrock, M. C., Goldberg, Sh. I. 1975. Imagery and meaningfulness in free recall: word attributes and instructional sets. Journal of General Psychology, 92, 137—151.

Wortman, P. M. 1975. Long-term retention of information as a function of its organization. Journal of Experimental Psychology, 1, 576—583.
Yuille, J. C., Holyoak, K. 1974. Verb imagery and noun phrase concreteness in the recognition and recall of sentences. Canadion Journal of Psychology, 28, 359—370.
Yuille, J. C., Paivio, A. 1969. Abstractness and the recall of connected discourse. Journal of Experimental Psychology, 82, 467—471.
Zimmer, A. 1976. Die Beeinflussung der Informationsverarbeitungskapazität durch Berücksichtigung der subjektiven Organisation. Zeitschrift für experimentelle und angewandte Psychologie, 23, 521–529.

Personenregister

Sachregister